新时代中国乡村振兴战略丛书

主编：顾保国　崔友平

城乡融合发展之路

重塑城乡关系

易赛键◎编著

中原农民出版社　红旗出版社

图书在版编目（CIP）数据

城乡融合发展之路：重塑城乡关系 / 顾保国，崔友平主编；易赛键编著 . -- 郑州：中原农民出版社；北京：红旗出版社，2019.11

（新时代中国乡村振兴战略丛书）

ISBN 978-7-5542-2126-6

Ⅰ. ①城… Ⅱ. ①顾… ②崔… ③易… Ⅲ. ①城乡建设—经济发展—研究—中国 Ⅳ. ① F299.21

中国版本图书馆 CIP 数据核字（2019）第 245096 号

城乡融合发展之路：重塑城乡关系

总 策 划	刘宏伟　朱文平
策划编辑	朱相师　丁　璞
责任编辑	卞　晗
责任校对	杨　玲
装帧设计	张　敏　李晓壮

出　　版	中原农民出版社　红旗出版社		
发　　行	北京华景时代文化传媒有限公司		
地　　址	郑州市郑东新区祥盛街27号	邮　编	450016
发行单位	全国新华书店	电　话	0371-65788655
承印单位	小森印刷霸州有限公司	电　话	0371-65751257

开　　本	690mm × 980mm　1/16		
印　　张	15		
字　　数	170千字		
版　　次	2019年12月第1版	印　次	2019年12月第1次印刷

书　　号	ISBN 978-7-5542-2126-6	定　价	48.00元

总 序

实现中华民族伟大复兴的题中应有之义

党的十九大提出实施乡村振兴战略，是以习近平同志为核心的党中央着眼党和国家事业全局，深刻把握现代化建设规律和城乡关系变化特征，顺应亿万农民对美好生活的向往，对“三农”工作作出的重大决策部署，是决胜全面建成小康社会、全面建设社会主义现代化强国的重大历史任务，是新时代做好“三农”工作的总抓手。

习近平总书记在十九届中央政治局第八次集体学习时强调指出：“乡村振兴战略是党的十九大提出的一项重大战略，是关系全面建设社会主义现代化国家的全局性、历史性任务，是新时代‘三农’工作总抓手。”“农业农村现代化是实施乡村振兴战略的总目标，坚持农业农村优先发展是总方针，产业兴旺、生态宜居、乡风文明、治理有效、生活富裕是总要求，建立健全城乡融合发展体制机制和政策体系是制度保障。”这从全面建设社会主义现代化强国的高度指出了实施乡村振兴战略的重要意义和科学内涵，明确了推进农业农村现代化的思路、方向和着力点，为我们牢牢把握农业农村现代化这个总目标、准确理解农业农村现代化的时代要求提供了根本遵循和行动指南。同时，按照全面建成小康社会和“两个一百年”奋斗目标的战略规划，中共中央、国务院印发了《乡村振兴战略规划（2018—2022年）》，对乡村振兴战略的实施给予具体指导。乡村振兴战略要求高、时间紧、任务重，迫切需要地方各级党委和政府以时不我待、只争朝夕的精神，以真抓实干、力求实效的作风，推动乡村振兴战略取得切实有效进展。

在推进乡村振兴战略中，发挥省市县乡村五级书记以及乡村振兴其他管理干部的作用尤为关键，他们迫切需要对乡村振兴战略的重大理论和实践问题进行全面学习。为此，我们专门组织编写了“新时代中国乡村振兴战略丛书”，以问题为导向，深层次、全方位地阐发乡村振兴战略的实施原则、实施模式、实现路径，希望为省市县乡村管理干部提供政策分析、管理方法、实施方案等内容，推动各级管理干部能够以更坚定的自信、更丰富的知识、更饱满的精神、更踏实的作风、更有效的举措，扎扎实实在乡村振兴战略中作出新的更大贡献。

“新时代中国乡村振兴战略丛书”涵盖了与乡村振兴相关的产业振兴、人才振兴、文化振兴、生态振兴、组织振兴，同时又涵盖了具体实施举措中的七方面内在要求，包括重塑城乡关系、巩固和完善农村基本经营制度、深化农业供给侧结构性改革、坚持人与自然和谐共生、传承发展提升农耕文明、创新乡村治理体系、打好精准脱贫攻坚战。本套丛书共12册，主要内容有：

一、《产业振兴——绿色安全、优质高效的乡村产业体系建设》

产业振兴是乡村振兴的物质基础。产业兴，则经济兴、农村兴。本书分析指出，乡村产业振兴，就是要形成绿色安全、优质高效的乡村产业体系，为农民持续增收提供坚实的产业支撑；要坚守耕地红线，严格划定和永久保护基本农田，建立完善农业生态补偿制度，始终绷紧国家粮食安全这根弦；要实施质量兴农、绿色兴农、品牌兴农战略，大力发展现代高效绿色农业，加快转变农业生产方式，提高农业供给体系的质量和效益，全面推进农业农村现代化；要充分挖掘和拓展农业的多维功能，促进农业产业链条延伸以及农业与工业、现代物流、文化创意、旅游观光、电商的深度融合，推动农村一二三产业融合发展。

二、《人才振兴——构建满足乡村振兴需要的人才体系》

人才振兴是乡村振兴的关键因素。实现乡村全面振兴，人是最关键、最活跃、起决定性作用的因素。乡村人才振兴的关键，就是要让更多人才愿意来、留得住、干得好、能出彩。本书分析指出，要创造有利于各类人才成长和发挥作用的良好环境，要有一个良好的制度安排，把现有农村各类人才稳定好、利用好，充分发挥现有人才的作用；要积极创造条件，鼓励城市企业家、高校毕业生和各类人才到乡村创新创业，大力支持“城归”群体和外出农民工回乡创业就业；整合社会力量开展农村人才培养，切实做好农村干部、农民企业家、新型农业经营主体和农民的培训工作。

三、《文化振兴——夯实乡村振兴的精神基础》

文化振兴是乡村振兴的精神基础。如果文化衰败，不文明乱象滋生，乡村就难以获得持续繁荣。本书分析指出，促进乡村全面振兴，必须坚持物质文明和精神文明一起抓，以社会主义核心价值观为引领，加强村风民俗和乡村道德建设，倡导科学文明健康的生活方式，传承发展农村优秀传统文化，健全农村公共文化服务体系，培育文明乡风、良好家风、淳朴民风，促进农耕文明与现代文明有机结合，实现乡村文化振兴。同时，还强调要保护好传统村落、民族村寨、传统建筑，用心留住文化记忆，将乡村文化融入乡村规划、景观设计和村庄建设之中，充分体现村庄特色和乡土风情。

四、《生态振兴——建设新时代的美丽乡村》

生态振兴是乡村振兴的重要支撑。本书分析指出，乡村生态振兴，要实现农业农村绿色发展，打造山清水秀的田园风光，建设生态宜居的人居环境；要全面改善农村人居环境，建设功能完备、服务配套、美丽宜居的新乡村；要加强农村生态建设和环境综合治理，尤其要加大农村面源污染、垃圾污水治理力度，推进农村“厕所革命”；要实施化肥、农药使用减量行动计划，采取总量控制与强度控制相结合的办法，推动化肥、农药等使用总量和强度实现持续快速下降。

五、《组织振兴——构建新时代乡村治理体系》

组织振兴是乡村振兴的保障条件。乡村组织振兴，就是要培养造就一批坚强的农村基层党组织和优秀的农村基层党组织书记，建立更加有效、充满活力的乡村治理新机制。本书分析指出，要着力加强党在基层的领导力量，打造千千万万个坚强的农村基层党组织，培养千千万万名优秀的农村基层党组织书记；要建立符合中国国情、更加完善有效、多元共治的新型乡村治理体系；要进一步深化村民自治实践，强化信息公开和村民参与，全面推进基层民主治理和依法治理，促进治理方式和手段多元化，因地制宜探索各具特色的治理模式；要将自治、法治与德治相结合，走乡村善治之路，确保乡村社会充满活力、安定有序。

六、《城乡融合发展之路——重塑城乡关系》

重塑城乡关系，必须走城乡融合发展之路。本书分析指出，要把公共基础设施建设的重点放在农村，逐步建立健全全民覆盖、普惠共享、城乡一体的基本公共服务体系；要坚决破除体制机制弊端，疏通资本、智力、技术、管理下乡渠道，加快形成工农互促、城乡互补、全面融合、共同繁荣的新型工农城乡关系。

七、《共同富裕之路——巩固和完善农村基本经营制度》

实施乡村振兴战略，必须巩固和完善农村基本经营制度，走共同富裕之路。本书分析指出，要坚持农村土地集体所有，坚持家庭经营基础性地位，落实农村土地承包关系稳定并长久不变政策，衔接落实好第二轮土地承包到期后再延长30年的政策，让农民吃上长效“定心丸”。巩固的内容主要有两点，一是农村土地集体所有，二是家庭承包经营，这两点是不变的，党的十九大也已经确定了承包地延包30年。但是随着现代农业的快速发展，农村的基本经营制度也需要完善，规模农业、土地托管也成为一种趋势。因此，出现了土地所有权、承包权、经营权“三权分置”的情况，让农村的土地经营权可以流转、抵押、贷款等，未来的政策会进一步释放农村土地的活力。

八、《质量兴农之路——深化农业供给侧结构性改革》

实施乡村振兴战略，必须深化农业供给侧结构性改革，走质量兴农之路。本书分析指出，要顺应农业发展主要矛盾变化，深入推进农业供给侧结构性改革，加快推进农业由增产导向转向提质导向，加快实现由农业大国向农业强国转变；要推进农村一二三产业融合发展，让农村新产业新业态成为农民增收新亮点、城镇居民休憩新去处、农耕文明传承新载体。

九、《乡村绿色发展之路——坚持人与自然和谐共生》

实施乡村振兴战略，必须坚持人与自然和谐共生，走乡村绿色发展之路。本书分析指出，要以绿色发展引领生态振兴，处理好经济发展和生态环境保护的关系，守住生态红线；要统筹山水林田湖草系统治理，加强农村突出环境问题综合治理，建立市场化多元化生态补偿机制，增加农业生态产品和服务供给。

十、《乡村文化兴盛之路——传承发展提升农耕文明》

实施乡村振兴战略，要传承发展提升农耕文明，走乡村文化兴盛之路。本书分析指出，要深入挖掘、继承、创新优秀传统乡土文化，把保护传承和开发利用有机结合起来，让优秀农耕文明在新时代展现其魅力和风采。在乡村的环境上，要加大整治力度，打造宜居宜人的农村生活环境。在一二三产业融合上，利用农村特有的优势，打造生态产业，打造集循环农业、创意农业、农事体验于一体的田园综合体，打造乡村休闲旅游产业等。

十一、《乡村善治之路——创新乡村治理体系》

实施乡村振兴战略，要创新乡村治理体系，走乡村善治之路。本书分析指出，要建立健全党委领导、政府负责、社会协同、公众参与、法治保障、科技支撑的现代乡村社会治理体制，健全党组织领导的自治、法治、德治相结合的乡村治理体系；要造就一支懂农业、爱农村、爱农民的“三农”工作队伍。

十二、《中国特色减贫之路——打好精准脱贫攻坚战》

实施乡村振兴战略，要打好精准脱贫攻坚战，走中国特色减贫之路。本书分析指出，脱贫攻坚进入啃硬骨头的决战决胜阶段，要把提高脱贫质量放在首位，注重扶贫与扶志扶智相结合，瞄准贫困人口精准帮扶，聚焦深度贫困地区集中发力，激发贫困人口内生动力；扶贫强调“精准”

二字，要通过产业扶持、生态补偿、易地搬迁、发展教育、社会保障等方式，确实保障全面建成小康社会一个人都不能掉队。

以上 12 本书在内容上涵盖了实施乡村振兴战略的重大理论与实践问题。丛书的撰写会聚了国内相关领域的权威专家和学者，历时一年多的时间完成初稿，并经专家委员会论证、修改、完善，最后由中原农民出版社、红旗出版社联合审定出版。在丛书的撰写和完善过程中，我们牢牢把握丛书主要是面向省市县乡村五级书记以及乡村振兴其他管理干部、乡村振兴战略研究者等，内容力求通俗易懂。同时，以在乡村振兴战略实施过程中涌现出来的典型为基础，采用纪实文学的创作模式，构建乡村振兴战略典型模式和启示，为读者提供具有实践意义的指导。在具体的结构上，文字叙述穿插大量的结构型、模块化图文，在每一章节中设置知识链接、专家观点、典型案例、延伸阅读、深度思考等板块。可以说，这套丛书对省市县乡村五级书记和乡村振兴其他管理干部全面了解乡村振兴战略具有很好的学习参考价值。

在丛书即将出版之际，作为党刊理论工作者，我深深地为中华民族实现从站起来到富起来再到强起来的伟大飞跃而倍感自豪；深深地为中国共产党人不忘初心、牢记使命，正确处理工农关系、城乡关系而倍感骄傲；深深地为以习近平同志为核心的党中央提出实施乡村振兴战略带领亿万中国农民走向共同富裕而倍感荣光。作为丛书主编，我对参与本书策划、撰稿、出版的各位专家领导表示深深的感谢，感谢他们为实施乡村振兴战略贡献智慧和力量。同时，由于时间紧张，对实施乡村振兴战略的理论问题研究还有待进一步深入，案例还有待进一步总结凝练，也请各位读者多多包涵。我们将在今后继续努力，力求为实施乡村振兴战略推出更多有实践指导价值的研究成果。

习近平总书记指出，“中国要强，农业必须强；中国要美，农村必须美；中国要富，农民必须富”，“没有农业农村现代化，就没有整个国家现代化”，“把乡村振兴战略作为新时代‘三农’工作总抓手”。全面建成小康社会、建设社会主义现代化强国，一步也不能离开乡村振兴。没有乡村振兴，就没有中华民族的伟大复兴。让我们一同携起手来，为实现中华民族伟大复兴而全面推进乡村振兴！

红旗文稿杂志社社长　顾保国

2019 年 8 月

目　录

第三章 守正创新，把握城乡融合发展的原则

第四章 深度融合，转变城乡融合的方式

第五章 一体规划，统筹城乡发展的空间

第六章
规划先行，优化乡村发展的布局

第七章
村庄分类，防止乡村“千村一面”

第八章
拓展空间，完善农村公共基础设施

第九章
建立体系，构建现代农业生态圈

第十章
决胜小康，形成新型工农城乡关系

前　言

作为一个拥有近 14 亿人口的发展中大国，协调好城乡关系始终是我国现代化建设中具有全局性和战略意义的重大课题。党的十八大以来，以习近平同志为核心的党中央不断调整工农关系、城乡关系，采取了一系列举措推动“工业反哺农业、城市支持农村”。党的十九大提出实施乡村振兴战略，就是为了从全局和战略高度来把握和处理工农关系、城乡关系。没有农业农村现代化，就没有整个国家现代化。在现代化进程中，如何处理好工农关系、城乡关系，在一定程度上决定着现代化的成败。要把乡村振兴战略这篇大文章做好，必须走城乡融合发展之路。

建立健全城乡融合发展体制机制和政策体系，是党的十九大作出的重大决策部署。现阶段推进城乡融合发展，有着现实而深刻的时代背景，也有着重大而深远的历史意义，既是破解新时代社会主要矛盾的关键抓手，又是现代化的重要标志，也是拓展发展空间的强大动力。建立健全城乡融合发展的体制机制和政策体系，是乡村振兴和农业农村现代化的制度保障。2018 年 9 月 21 日，习近平总书记在十九届中央政治局第八次集体学习时的讲话中指出：“我们一开始就没有提城市化，而是提城镇化，目的就是促进城乡融合。要向改革要动力，加快建立健全城乡融合发展体制机制和政策体系。要健全多元投入保障机制，增加对农业农村基础设施建设投入，加快城乡基础设施互联互通，推动人才、土地、资本等要素在城乡间双向流动。要建立健全城乡基本公共服务均等化的体制机制，推动公共服务向农村延伸、社会事业向农村覆盖。要深化户籍制度改革，强化常住人口基本公共服务，维护进城落户农民的土地承包权、宅基地使用权、集体收益分配权，加快农业转移人口市民化。”改革开放特别是党的十八大以来，我国在统筹城乡发展、推进新型城镇化方面取得了显著进展，但城乡要素流动不顺畅、公共资源配置不合理等问题依然突出，影响城乡融合发展的体制机制障碍尚未根本消除。推进城乡融合发展，要有“立”有“破”。“立”就是建立健全城乡融合发展体制机制，“破”就是下大力气消除阻碍城乡融合发展的体制壁垒。2019 年 5 月 5 日，《中共中央 国务院关于建立健全城乡融合发展体制机制和政策体系的意见》公开发布。《中共中央 国务院关于建立健全城乡融合发展体制机制和政策体系的意见》，为推动城乡融合发展进行了顶层设计、描绘了新图景。建立健全城乡融合发展体制机制和政策体系是一项长期历史任务，必须坚持以习近平新时代中国特色社会主义思想为指导，明确改革的大方向大原则。一是明确改革的总方针，就是坚持农业农村优先发展。二是明确改革的抓手，就是协调推进乡村振兴战略和新型城镇化战略。三是明确改革的目标，就是缩小城乡发展差距和居民生活水平差距。四是明确改革的路径，就是以完善产权制度和要素市场化配置为重点，坚决破除体制机制弊端，促进城乡要素自由流动、平等交换和公共资源合理配置。

建立健全城乡融合发展体制机制和政策体系，需要按照实现“两个一百年”奋斗目标的战略部署，并与乡村振兴战略规划进行紧密衔接，分为“三步走”。第一步，到 2022 年，城乡融合发展体制机制初步建立。城乡要素自由流动制度性通道基本打通，城市落户限制逐步消除，城乡统一建设用地市场基本建成，金融服务乡村振兴的能力明显提升，农村产权保护交易制度框架基本形成，基本公共服务均等化水平稳步提高，乡村治理体系不断健全，经济发达地区、都市圈和城市郊区在体制机制改革上率先取得突破。第二步，到 2035 年，城乡融合发展体制机制更加完善。城镇化进入成熟期，城乡发展差距和居民生活水平差距显著缩小。城乡有序流动的人口迁徙制度基本建立，城乡统一建设用地市场全面形成，城乡普惠金融服务体系全面建成，基本公共服务均等化基本实现，乡村治理体系更加完善，农业农村现代化基本实现。第三步，到本世纪中叶，城乡融合发展体制机制成熟定型。城乡全面融合，乡村全面振兴，全体人民共同富裕基本实现。

推动城乡融合发展事关全局和长远，任务艰巨、责任重大。新时代实施城乡融合发展，是促进农村现代化的必然要求，是解决农业发展结构性矛盾的必经之路，是最终改善农民生活、全面提升人民生活质量、实现人民美好生活的向往平衡发展的重要标准。要厘清新时代城乡融合的主要标准、实践前提、当务之急和决定性因素，从而推动城乡融合、实现乡村全面振兴。

易赛键

2019 年 11 月

第一章

乡村振兴，关键在城乡融合发展

回顾中国现代化的进程，如何处理工农城乡关系，从来都是贯穿中国工业化和城镇化进程的主题与主线。改革开放特别是党的十八大以来，党中央始终把解决好“三农”问题作为全党工作重中之重，围绕农业作为国民经济基础的战略地位，连续出台指导“三农”工作的中央一号文件，既有力支持了工业化，又确保了国家粮食安全，农业农村发展取得了历史性成就、发生了历史性变革。从党的十六大提出“统筹城乡经济社会发展”到党的十六届四中全会提出“两个趋向”的论断，推进了“工业反哺农业、城市支持农村”；在党的十七大提出“形成城乡经济社会发展一体化新格局”的基础上，党的十九大提出乡村振兴战略，首次将“城乡融合发展”写入党的文献，标志着中国特色社会主义工农城乡关系进入新的历史时期。我国在统筹城乡发展、推进新型城镇化方面取得了显著进展，但城乡要素流动不顺畅、公共资源配置不合理等问题依然突出，影响城乡融合发展的体制机制障碍尚未根本消除。《中共中央 国务院关于建立健全城乡融合发展体制机制和政策体系的意见》为重塑新型城乡关系，走城乡融合发展之路，促进乡村振兴和农业农村现代化指明了方向，对未来我国城乡融合发展作出了具体规划安排。统筹推进城乡融合发展，让城乡一体化，幸福最大化。

一、乡村振兴，重在融合

城乡融合发展关键在于处理好这个“融”字。城乡融合发展具有鲜明的中国特色，不仅要避免走“城市兴、乡村衰”的老路，更要走出一条城市和农村携手并进、互利共赢的新路。城乡发展不是此消彼长的零和博弈，而是融合发展、共享成果的共生过程。

建立健全城乡融合发展体制机制和政策体系，是党的十九大作出的重大决策部署。党的十九大提出实施乡村振兴战略和区域协调发展战略，同时提出要推进城乡融合发展，后者是前者的根本途径和前提条件。因为只有推进城乡融合发展，实现城乡要素双向自由流动，城市的闲置资本、技术、人才才能大批流入农村，才能为农业农村发展注入强大要素支持；而农业的现代化才能进一步释放富余劳动力，解决城市普遍存在的招工难问题，支持第二产业、第三产业发展，加快城市化进程。离开城市经济的支持，仅靠挖掘乡村内部潜力来实现乡村振兴，必然旷日持久，也是不太现实的。[①] 党的十九大提出城乡融合发展的战略性决策，不是简单地照抄照搬马克思主义经典作家的结论，而是基于共产党人初心的历史性抉择，更是共产党人在社会主义道路上经历艰难曲折后达到的新境界。正如《中共中央 国务院关于建立健全城乡融合发展体制机制和政策体系的意见》所要求的，推进城乡融合发展，就要建立健全城乡融合发展体制机制和政策体系，“以协调推进乡村振兴战略和新型城镇化战略为抓手，以缩小城乡发展差距和居民生活水平差距为目标，以完善产

---

① 参见郑新立：《抓住社会主要矛盾 推动城乡融合发展》，《中国井冈山干部学院学报》2018 年第 2 期。

权制度和要素市场化配置为重点，坚决破除体制机制弊端，促进城乡要素自由流动、平等交换和公共资源合理配置，加快形成工农互促、城乡互补、全面融合、共同繁荣的新型工农城乡关系，加快推进农业农村现代化”。

专家观点

城乡发展不是此消彼长的零和博弈，

而是融合发展、共享成果的共生过程

“均衡配置”“一体化发展”“普惠共享”……从《中共中央 国务院关于建立健全城乡融合发展体制机制和政策体系的意见》提到的这些关键词中，可以看出城市与农村的联系日益紧密。一方面，在推进城乡融合发展过程中，坚持城乡一盘棋的整体谋划思路。无论是公共服务普惠共享、基础设施建设一体化，还是乡村经济多元化和农民增收机制，本质上都是要以工促农、以城带乡、缩小城乡差距。另一方面，在推进城乡融合发展上，守住底线至关重要。具体来说，始终坚持土地所有制性质不改变、耕地红线不突破、农民利益不受损，守住生态保护红线，守住乡村文化根脉，就是要高度重视防范各类风险，用城乡融合发展为整个国家的经济发展提供稳定器作用。城乡发展不是此消彼长的零和博弈，而是融合发展、共享成果的共生过程。

——武汉大学社会学系研究员 吕德文

城乡融合发展具有十分丰富的时代内涵。改革开放后，特别是在20世纪80年代末期，由于历史上形成的城乡之间不均衡发展，各种经济社会矛盾出现，城乡融合发展逐渐受到重视。但由于城乡融合方面涉及经济社会、生态环境、文化生活、空间景观等多方面，人们对城乡融合的理解有所不同。从社会学角度看，城乡融合是指相对发达的城市和相对落后的农村打破相互分割的壁垒，逐步实现人口的自由流动和公共服务的均等化，逐步缩小直至消灭城乡之间的差距，从而使城市和乡村融为一体。经济学界则从生产要素流动和生产力合理布局出发，认为城乡融合是指城乡生产要素自由流动，使城乡生产力合理布局，产业优化分工，城乡经济社会协调发展，以实现资源最佳配置的状态。①

没有农业现代化，没有农村繁荣富强，没有农民安居乐业，国家现代化是不完整、不全面、不牢固的。中华民族的伟大复兴不能建立在农业基础薄弱、大而不强的地基上，不能建立在农村凋敝、城乡发展不平衡的洼地里，不能建立在农民贫困、城乡居民收入差距扩大的鸿沟间。2019年3月8日，习近平总书记参加十三届全国人大二次会议河南代表团审议时指出，实施乡村振兴战略的总目标是农业农村现代化，总方针是坚持农业农村优先发展，总要求是产业兴旺、生态宜居、乡风文明、治理有效、生活富裕，制度保障是建立健全城乡融合发展体制机制和政策体系。我国最大的发展潜力和后劲在乡村，推动城乡融合发展和乡村振兴、促进乡村资源要素与全国大市场相对接，能够释放出可观的改革红利，也能够带动经济社会持续发展。建立城乡融合发展体制机制和政策体系，是实现乡村振兴和农业农村现代化的重要制度保障。乡村振兴

① 参见徐志明:《以城乡融合推动城乡建设高质量》,《群众》2018年第5期。

不能就乡村来谈乡村，必须走以城带乡、以工促农的路子，在城乡融合发展中来破解难题。

专家观点

为建立健全城乡融合发展体制机制和政策体系提供制度保障

由于欠账过多，基础薄弱，我国城乡发展不平衡不协调的矛盾依然比较突出，主要体现在乡村发展不充分，我国仍处于并将长期处于社会主义初级阶段的特征很大程度上表现在乡村。解决这个问题，不能就农业谈农业、就乡村谈乡村，必须走以城带乡、以工促农的路子，加快建立健全城乡融合发展体制机制和政策体系，为顺利推进乡村振兴提供制度保障。

——国家发展和改革委员会党组成员、副主任 胡祖才

新目标提出城乡融合发展新要求。《乡村振兴战略规划（2018—2022年）》明确指出："顺应城乡融合发展趋势，重塑城乡关系，更好激发农村内部发展活力、优化农村外部发展环境，推动人才、土地、资本等要素双向流动，为乡村振兴注入新动能。"要按照中央的统一部署，将城乡融合这一最具基础性、广泛性的国家战略，落实到实现人的全面发展与社会全面进步上来，逐步实现城乡居民基本权益平等化、城乡公共服务均等化、城乡居民收入均衡化、城乡要素配置合理化，以及城乡产业发展融合化，推进社会生产方式和生活方式的变革，实现从"小康社会"到"美好社会"的新跨越。这不仅是全面建成小康社会的价值取

向使然，更是中国特色社会主义事业发展的本质要求。城乡融合、城乡协调发展、减少直至消灭城乡差别是一个国家现代化完成的重要标志，也是人类历史发展的重要命题。

二、二元结构，症结所在

新中国成立初期，为了加快社会主义建设，我国确立了优先发展工业的战略方针，采取了农产品统购统销、城乡户籍分隔管理等制度，在加快工业化、城市化进程的同时，也造成了城乡发展的不平衡问题。改革开放以来，党中央坚持把解决好“三农”问题作为全党工作重中之重，不断加大强农惠农富农政策力度，随着一系列经济体制改革相继推行并不断深化，农业市场化程度不断提高，农村劳动力自由迁移和就业范围不断拓宽，城乡、工农之间的产品要素交换环境得到了改善，但城乡二元结构的特征依然明显，城乡发展不平衡、不协调的矛盾仍比较突出，新型工农城乡关系的体制机制仍有待进一步完善。党的十八大以来，乡村发展取得了历史性成就，但由于城乡二元结构没有得到根本改变，导致城乡资源流动不顺畅和流向不合理，城乡生产要素交换不平等，城乡公共资源配置不均衡，城乡基本公共服务不均等，农村发展严重滞后于城镇，城乡差距不断拉大的趋势没有得到根本扭转，城乡发展的融合水平不高、城乡二元分割的结构仍是当前社会突出的特征，加快建立城乡融合发展体制机制和政策体系尤为迫切。近年来城市落户政策有所松动，一些城市甚至出台了“史上最宽松优惠落户政策”，掀起了一轮轮“抢人”大战，但这些落户政策往往附设了学历、年龄、技能、购房等各种准入条件。换句话说，这些城市重视的是人才落户而非人口落户。2018 年我国外出农民工 1.73 亿人，他们因无城市户口，仍处于“候鸟式”“悬浮式”生存状态。[①] 习近平总书记在《关于〈中共中央关于全面深化改革若干重大问题的决定〉的说明》中指出：“城乡发展不平衡不协调，是我国经济社会发展存在的突出矛盾，是全面建成小康社会、加快推进社会主义现代化必须解决的重大问题。改革开放以来，我国农村面貌发生了翻天覆地的变化。但是，城乡二元结构没有根本改变，城乡发展差距不断拉大趋势没有根本扭转。根本解决这些问题，必须推进城乡发展一体化。”这明确指出了城乡二元结构是制约城乡发展一体化的主要障碍。

根据国际经验，当城镇人口超过 30% 时，城镇化进程出现加速趋势，城镇化人口在 50% 左右发展最快，一直持续到 70% 以后才会逐渐趋缓。我国目前正处在城镇化加速发展时期，但呈现出越来越明显的弊端。党的十九大把“三农”工作放到乡村振兴战略中来部署，以乡村为切入点，建立健全城乡融合发展体制机制和政策体系，其中的关键就是要破解一个重大的时代难题：城镇化难以逆转，如何在人口不断向城市集中的同时避免乡村“空心化”并振兴乡村。“小康不小康，关键看老乡。”我国农村人口基数大的基本国情，决定着没有乡村振兴和现代化，就不会有国家的现代化，因此彻底打破城乡二元结构，走城乡融合发展之路是社会发展的必然要求。

“三农”问题的体制性根源在于城乡二元结构。为从根本上解决这一问题，习近平总书记多次强调，任何时候都不能忽视农业、不能忘记农民、不能淡漠农村；中国要强，农业必须强；中国要美，农村必须美；中国要富，农民必须富。党的十八大以来，以习近平同志为核心的党中

---

① 参见田祚雄、余启才：《走城乡融合发展之路》，人民网 2019 年 8 月 12 日。

央从全局和战略高度明确提出要坚持农业农村优先发展，以推进城乡融合发展来破解城乡二元结构，把城乡融合发展作为推进中国特色社会主义乡村振兴的重要途径，纠正了我国城镇化进程中存在的制度和政策偏差，是对中国城乡关系、城乡变化趋势、城乡发展规律的深刻认识和正确把握。目前，造成城乡差距大的原因有很多，我们必须找到根源所在，抓住主要症结，对症下药，才能取得事半功倍之效。

城乡二元结构的矛盾突出表现在住房上，城市居民的房产都已市场化，随着城市化进程带来的不动产升值，城市居民都已享受到住房升值带来的财富效应，很快进入中等收入阶层。在一线城市，这种财富效应表现得尤为显著，而农村居民却因政策限制无缘享受到住房升值带来的福利。农民工用打工挣的血汗钱在城市买房无望，只好回家造房。在中部一些农民工输出的重点地区，建起了数以亿计的三四层的楼房，里面却空荡荡的，常年无人居住，又缺乏市场价值，造成惊人的资源浪费。这种浪费不仅仅是农民工家庭和个人的，而且是全社会的。农民工在城市打工十几年甚至几十年，为所在的城市作出了巨大贡献，但是由于是农村户籍，使他们分享不到所在城市户籍居民所能享受的公共服务，包括养老保险、医疗保险、住房保障、子女入学入托等服务。另外就是农村 6000 万留守儿童、4500 万留守妇女、4000 万留守老人，他们朝思暮想着能够在城市全家团聚。正是这种财产权益和户籍权益的不平等，对城乡收入差距起到了助推作用。① 推进城乡融合发展的关键在于破解城乡二元结构，城乡融合发展是带动乡村振兴的核心引擎。

---

① 参见郑新立：《抓住社会主要矛盾 推动城乡融合发展》，《中国井冈山干部学院学报》2018 年第 2 期。

三、矛盾转化，倒逼融合

党的十九大报告指出，新时代我国社会主要矛盾是人民日益增长的美好生活需要和不平衡不充分的发展之间的矛盾，而城乡发展不平衡就是当前存在的一个突出问题。决胜全面建成小康社会，必须着力解决这个问题。中国特色社会主义进入新时代，城乡融合发展是破解新时代社会主要矛盾的关键抓手，我国最大的发展不平衡是城乡发展不平衡，最大的发展不充分是农村发展不充分。农业发展质量效益不高，农民增收后劲不足，农村自我发展能力弱，城乡差距依然较大，是制约我们如期全面建成小康社会和全面建成社会主义现代化强国、实现国家长治久安的最大短板。

新矛盾决定城乡融合发展新方向。矛盾之变决定着全局之变。解决发展的不平衡不充分问题成为时代课题。从目前我国发展的现状来看，全面建成小康社会进程中受发展不平衡不充分影响最大的群体是农民。在城乡收入分配不平衡中，又突出表现在城乡居民之间财产分化严重。目前有 1 亿多进城务工的农民工，由于户籍限制无法在城市安家落户，难以与城镇职工同工同酬，不能真正融入城市，长期游离在城乡之间，合法权益不能得到充分保护。城乡发展的不平衡是主要矛盾的集中体现。围绕解决主要矛盾，推进城乡融合发展，不仅能够释放巨大发展新动能，推动国民经济以中高速持续增长，而且能够缩小城乡差距，对于全面建成小康社会、基本实现社会主义现代化，进而实现建成社会主义现代化强国的目标，具有决定性意义。在工业化、城市化的过程中，农业、农村、农民始终处于弱势地位，发展不平衡不充分问题在乡村最为突出，并已经成为制约全面协调发展的根本问题之一。

比如江苏，农业劳动生产率仅相当于工业的 1/4 左右，农民收入只有城镇居民收入的 44%，城乡交通及基础设施、公共服务供给差距仍然明显，农村教育、医疗和社会保障水平较低。因此，只有通过城乡融合发展破除城乡二元结构，加快城市基础设施向农村延伸、公共服务向农村覆盖、现代文明向农村传播，构建和谐共生的城乡关系，形成城乡共同繁荣的良好局面，最终实现乡村振兴的目标。[①] 进入新时代，社会主要矛盾的转化倒逼城乡必须走融合发展之路。

典型案例

广东清远推动城乡协调发展，当地农民兜里有钱 心头有劲

从粤港澳大湾区的核心城市广州出发，沿广清高速一路北行，不过 60 多公里，便进入了凤城清远。华灯初上，一江两岸的城市美景令人着迷：一座座高楼在绿荫葱茏中拔地而起，纵横交错的公路四通八达……一座繁华的现代化都市跃然眼前。

城区若此，下辖北部山区市县、曾经的“老少边穷”的广阔乡村又如何呢？来到连州市丰阳镇畔水村，眼前的情形令人惊喜：新建的亭台廊圃和田、园、山、水相互交融；保存完好的明清古建筑群，在对口单位“产业帮扶 + 乡村旅游”古村保护性开发下焕发新生……

① 参见徐志明：《以城乡融合推动城乡建设高质量》，《群众》2018 年第 5 期。

一直以来，“最富的在广东，最穷的也在广东”，这是广东区域城乡发展不协调的真实写照。

破解城乡二元结构，重点在农村。眼下，清远正深入贯彻落实习近平总书记考察广东重要讲话精神和广东省委、省政府部署，将乡村振兴作为破解城乡二元结构的基本路径，破除体制机制障碍，推进城乡融合发展。

破除信息壁垒，聚焦产业振兴

走进连山壮族瑶族自治县太保镇黑山村，只见草木丰盛，鸭壮鱼肥。黑山村“乡村新闻官”雷健上任后，第一件事就是卖力地推销当地特产清水鸭。不到一个月，8000多只清水鸭便销售一空，这是以往黑山村村民一年的销量。

清远是农业大市，向外推广本地特色农产品，破除农产品与市场信息不对称的壁垒，帮助农户打开销路，是清远首创“乡村新闻官”措施的初衷。从2018年8月9日首批8名“乡村新闻官”走马上任至今，清远市已在286个行政村聘任“乡村新闻官”308名。

产业，是乡村振兴的经济基础。清远正在以广清一体化为重点，加快入珠融湾，带动城乡经济高质量发展。“乡村新闻官”，只是清远助力农民精准脱贫、实现乡村产业振兴的一招。

此外，清远还探索“公司＋合作社＋基地＋农户”的模式，发挥市场机制，将带动模式和紧密的利益连接起来，将“几根绳”拧成“一股绳”。

在全市94.1%的贫困人口实现预脱贫基础上，清远提出以

“3+X”产业体系引领乡村产业发展，举全市之力重点打造清远鸡、柑橘、茶叶三大主导产业，各县（市、区）依托自身资源禀赋发展一个特色产业，推动规模化发展，争取用5～8年时间，实现清远鸡年出栏量2亿只以上，柑橘种植面积100万亩，茶叶种植面积100万亩。

激发村民活力，共建美丽乡村

“没想到，我外嫁不过3年，村里就发生了翻天覆地的变化，从脏乱差的落后村变成整洁亮丽的示范村。”近日，英德市桥头镇潭坑村张屋村小组一名外嫁女回娘家探亲时，对村里的变化又惊又喜。

这样的蝶变，在清远广大村庄比比皆是。在产业振兴中脱贫增收的农民，对村庄人居环境和村容村貌需求不断攀升；同时，优美舒适的生态环境也为乡村休闲旅游产业的可持续发展注入了不竭动力。

在美丽乡村建设过程中，清远找到了一个有效激发村民自主建设活力的政策——以奖代补，即政府扶持资金实行先建后补、验收通过后拨付。村民创建热情和积极性得到调动，实现了从“要我建”向“我要建”的转变。

清远还实行“梯度化创建”，推进“整洁村、示范村、特色村、生态村、美丽田园”五个梯度美丽乡村建设。

目前，清远启动农村人居环境整治的自然村12603个，完成率达到82.2%。省定贫困村中20户以上的自然村基本完成“三清三拆三整治”。清远成功创建美丽乡村2951个，被评为“中国美丽乡村建设示范地区”。

探路乡村善治，注入振兴动力

“清远在推动城乡一体化发展上，始终坚持党建引领，突出基层党组织政治、发展、管理、服务‘四个功能’，为乡村振兴发展提供强劲动力。”清远市委书记郭锋说。

通过将“支部建到村组”，有效推动农村基层党组织在重大任务中的作用发挥；同时以自然村为单位组建村民理事会，在党组织领导下激活基层自治，清远逐步探索出一条以党建引领农村有效治理、引领农村建设发展的新路子。

阳山县杜步镇东江村委会元江村小组深处山区，发展滞后，全村528人，承包地分成700多块，耕种效率低下，导致长期撂荒。在党支部书记陈天房带领下，全村534亩耕地按照每户两块地进行了重新整合，并引导土地向大户、公司流转，集约经营，使原本一家一户的小农经济升级为以连片开发、规模经营为特征的现代农业，整盘棋都活了。

目前，清远已在全省率先启动了村、组两级党组织规范化建设工作，以制度形式确立了农村党组织的领导地位，建成基层党组织13232个。全市农村党支部团结带领村级组织、村民群众整合土地166.5万亩，整合普惠性涉农资金7.35亿元，为乡村振兴注入长久动力。

伴随涉农公共服务的重心下移，民生服务也延伸到乡村。“村代办员制度”自2015年起延伸为“全省首批基层公共服务平台建设试点”，同时跟进网上办事、多网合一改革。“如今，我们农民足不出户，就能享受到和城里人一样的服务，大家心气更顺畅了。”阳山县岭背镇犁头村村民欧金素感慨道。

农民兜里有钱，眼中有景，心头有劲。一幅城乡一体、共同富裕的时代画卷，正在清远大地徐徐展开。

（来源：《人民日报》2019年8月13日）

四、融为一体，合而为一

城乡融合、城乡协调发展、减少直至消灭城乡差别是一个国家现代化完成的重要标志，也是人类历史发展的重要命题。马克思、恩格斯根据历史发展的总规律，科学地预见到城乡差别（后期马克思用的是“对立”）是造成人类社会不平等的主要根源之一，并宣布“把农业和工业结合起来，促使城乡对立逐步消灭”为共产主义社会的十个主要特征之一。西方国家的发展历程基本上是一种“先城市化，再逆城市化，然后再城市化”的波动性的城乡发展模式。作为更高社会形态的城乡融合发展，不再是一个单向过程，既不是从乡村到城市的过程，也不是从城市到乡村的过程，而是双向互动、互促互进，是作为一个国家、一个区域整体的发展过程。党的十九大把乡村振兴战略作为“三农”工作的总揽，从根本上改变了“以工统农”“以城统乡”“以扩张城市减少农村减少农民”的发展路径，从根本上改变了乡村从属于城市的现实，突出了乡村发展的中心地位和城乡关系的平等地位，使城市和乡村成为不同生活方式的平等选项，城乡彼此相互依存共荣共生。① 习近平总书记提出的城乡

① 参见陈文胜：《中国迎来了城乡融合发展的新时代》，《红旗文稿》2018年第8期。

融合是市场经济体制下对城乡关系的重新塑造，丰富了马克思主义理论宝库，标志着城乡关系进入中国特色社会主义新时代。

党的十八大以来城乡融合发展取得历史性成就。农业转移人口进城落户的门槛不断降低，已有9000多万农业转移人口成为城镇居民。2018年户籍人口和常住人口城镇化率分别提高到43.37%、59.58%。农村土地制度改革取得新突破。明确第二轮土地承包到期后再延长30年，农村承包地“三权分置”制度正式确立并加快落地。城乡一体的基本公共服务提供机制逐步建立。截至2018年底，城乡居民基本医保覆盖了13.5亿人，大病保险覆盖了10.5亿人，基本养老保险覆盖了9.4亿人。城乡一体的基础设施建设取得显著成效。截至2018年底，99.6%的乡镇、99.5%的建制村通了硬化路，99.1%的乡镇、96.5%的建制村通了客车，95%的建制村连接了4G网络。脱贫攻坚战取得决定性进展。农村贫困人口累计减少了8239万人，贫困发生率从10.2%下降到2018年的1.7%，贫困地区农民人均可支配收入增速持续高于全国平均水平。随着新型城镇化和新农村建设的深入推进，我国城乡之间的相互联系、相互作用、相互影响不断增强，城乡之间的人口、资源、要素、产权流动甚至交叉重组关系日益强化，对城乡发展的影响不断深化；城乡之间日益由外部的、表层的联系和作用转化为内部的、深层的融合渗透和有机联系，有些地方甚至城乡边界日益模糊，城乡之间日益呈现出“你中有我，我中有你”的关系。[①] 城乡融合也好，媒体融合也罢，“融合”二字的深刻内涵是一致的。因此，借用习近平总书记在党的新闻舆论工作座谈会上

① 参见姜长云：《建立健全城乡融合发展的体制机制和政策体系》，《区域经济评论》2018年第3期。

的讲话来理解城乡融合，要尽快从相“加”阶段迈向相“融”阶段，从“你是你、我是我”变成“你中有我、我中有你”，进而变成“你就是我、我就是你”。实现城乡真正实现融为一体、合而为一，关键在于体制机制的突破，核心是人的融合。

延伸阅读

1.《中共中央 国务院关于建立健全城乡融合发展体制机制和政策体系的意见》，人民出版社2019年版。

2. 潘晓成：《论城乡关系：从分离到融合的历史与现实》，人民日报出版社2019年版。

3. 李红玉：《马克思主义城乡融合发展理论及其现实意义》，中国社会科学出版社2019年版。

4. 范逢春：《走向社会公平的中国经验——基于统筹城乡的视角》，人民出版社2018年版。

深度思考

1. 在中华民族伟大复兴的进程中，党中央为什么把乡村振兴提高到重要的战略位置？

2. 进入新时代，破解城乡二元结构有哪些路径？

3. 为什么说融合发展的内涵是融为一体、合而为一？为什么说千城一面、千村一面、城村一面不应是城乡融合发展的结果？

第二章

城乡融合，重塑城乡关系是重点

随着社会分工的不断深化，城市与乡村各有不同的功能，区别早就存在。但在西方工业革命之前，城市相对于乡村的优势并不存在或并不明显，倒是田园牧歌给文人骚客留下了对农业文明的美好记忆。资本主义的产生和发展致使工业和人口集中于城市，并为城市的工商金融资本剥削农业生产者创造了便利。随着生产力水平的不断提高，社会分工也逐渐深化，商品经济快速发展，由此推动城市与农村的分离。随着工业革命的进程，资本作为一种生产关系占据主导地位。作为资本人格化身的资本家，把资本积累当作生命线。于是，城市就成为资本集聚的最佳场所，形成了人流、物流、资金流的巨大旋涡，乡村则沦为向城市提供人力、土地、粮食及各种原料的附属地。社会上层统统寄居在城市，享受着文化、教育、科技、医疗、交通等各领域发展进步带来的福祉。即使是乡村里为数不多的富人，也被城市贵族视为“乡巴佬”。至于那些胼手胝足的普通农夫，则成为粗俗、贫穷的代名词。这就是马克思、恩格斯、列宁早就指出的“城乡对立”，它是由资本主义生产关系决定的必然现象。如果说资本家阶级与雇佣劳动阶级的对立是资本主义社会的主要矛盾，那么城乡对立就是依附于这一主要矛盾的次要矛盾，也理所当然地受到了马克思主义经典作家的高度关注。马克思预言：“城乡关系的面貌一改变，整个社会的面貌也跟着改变。”恩格斯则设想，消灭了阶级对立的社会“将结合城市和乡村生活方式的优点而避免二者的偏颇和缺点”，通过“城乡的融合，使社会全体成员的才能得到全面的发展”。

一、融合发展，重塑城乡

城乡融合发展体现了发展理念和发展思路的重大转变，重点是要重塑城乡关系。重塑城乡关系的核心要义是城市和乡村经济社会文化共存共荣，城市与农村相辅相成、对立统一，在对立基础上融合，但不是消除差异，其表述更加符合现阶段的发展特征。我们要按照党中央提出的实施乡村振兴战略的目标任务和基本原则，科学规划、注重质量、从容建设，防止追求速度、防止搞运动。要把党中央的安排部署与当地实际相结合，围绕“振兴什么”“谁来振兴”“怎么振兴”的关键问题，推动农业全面升级、农村全面进步、农民全面发展，充分调动人民群众的积极性，调动各类社会资源，共同完成好乡村振兴战略这项长期的历史性任务。

在“振兴什么”的问题上，将建设“美丽乡村”作为主题。实施乡村振兴战略要按照“农业强、农村美、农民富”的远景规划，以“美丽乡村”建设为主题，让农业成为有奔头的产业，让农民成为有吸引力的职业，让农村成为安居乐业的美丽家园。一是以产业兴旺为根本。乡村最核心的产业是农业，最重要的目标是确保国家粮食安全，最突出的问题是综合效益和竞争力偏低。要以农业供给侧结构性改革为主线，推进农业政策从增产导向转向提质导向，唱响“质量兴农、绿色兴农、品牌强农”主旋律，使农业成为一个具有无限生机的美好产业。二是以生态宜居为要务。要推进生产、生活、消费绿色化，因地制宜推进乡村人居环境整治，用绿色点亮乡村，使乡村成为农民安居乐业的美好家园。三是以乡风文明为关键。要把树正压邪作为乡风文明建设的重要抓手，让社会主义核心价值观在乡村落地生根，使乡村好习俗、好习惯、好风尚的文明乡风和良好家风蔚然成风。四是以治理有效为保障。要推进以法治为前提实现乡村治理有序、以德治为引领实现乡村治理有魂、以自治为核心实现乡村治理有力的“三治”融合，形成基层党组织领导、政府负责、社会协同、公众参与的多元主体共治格局，确保乡村社会和谐有序。五是以生活富裕为目标。要构建长效的政策机制，不断推进城乡产业融合发展，让广大农民群众具有全面摆脱贫困的能力、创新创业的能力、持续发展的能力，共享现代化的美好生活。

城乡融合，是不是真正“融”好了？重塑城乡关系，是不是真正“塑”好了？这需要时刻注意和校验。换句话说，绝不能用建设城市的思路来建设农村，用发展工业的思路来发展农村，而应该“因村制宜”，像爱惜生命一样爱惜乡村的个性。而在积极发挥财政“四两拨千斤”作用、鼓励社会资本下乡的同时，也要规范政府举债融资行为，避免变相违规举债，避免资本掏空乡村。在实战中琢磨出实招，在干事创业中凝聚合力，城乡的真正融合一定能实现。江苏省昆山市锦溪镇朱浜村的转型升级被游客广泛叫好。多年前，那里还满是砖瓦窑；改造后，砖瓦窑变成了有咖啡馆、文创市集、乡村书屋的公共文化空间。水乡风貌仍在，但发展的基因变了，文化、人才、商业、创意，借千年水道进入，汇聚起新的发展动能。从传统水乡到乡镇企业再到今天拓展出文创空间，朱浜村发展的前半程，展现了一条中国乡村发展的艰难之路；但其后半程，也见证了一条可行的转身之路。2017 年，江苏在全国率先启动特色田园乡村建设，全面推进城乡融合。这是对江苏改革开放以来以工补农、以工带农一体化发展经验的再提升，与中央提出的城乡“全面融合”要求高度一致。在 3 万个村庄中找试点，请设计师团队深入乡村开展田野调查，让要素回流乡村，让乡村提升内生活力，这条“回乡之路”体现着城市的回馈，回应着时代的呼声。[①] 当这样的村落星散开来，“明日的田园乡村”就不再是梦。

专家观点

加快城乡融合发展是中国现代化的大方向

在世界工业化、城市化进程中有一个普遍现象，就是都出现了乡村衰退的社会问题，西方国家的乡村“空心化”与城市“贫民窟”并存，而在城镇化率达到 70% 以后就进入了城乡一体化发展阶段，乡村发展问题逐步得到解决。正如马克思、恩格斯的预言，城市与农村最终会从分离走向融合，其轨迹大致要经历三个辩证发展阶段：城育于乡，即城市诞生于农村；城乡对立，工业革命作为催化剂加速了城市化进程，造成城乡分离；城乡融合，随着城市化的发展，逐步消除城乡差别。马克思认为，消除阶级差别和城乡不均衡现象的“城乡融合”，使城乡成为更高级的社

① 参见周静文：《城乡融合，重塑城乡关系》，《人民日报》2018 年 2 月 26 日。

会综合体，是城乡发展的终极目标，是社会发展的高级阶段。

在过去的工业化进程中，作为人口大国，既要全力以赴解决自己吃饭的问题，又要进行快速的工业化，这是一个非常两难的工农关系问题。而中国成功地破解了如何在推进工业化的同时，确保用不到世界7%的耕地养活占世界22%的人口这个时代难题，创造了人类史上前所未有的工业革命发展奇迹。在新时代，我们要如同在工业化进程中始终没有忽视农业在国民经济中的基础地位那样，始终将乡村发展作为党和政府工作的重中之重，统筹处理好城镇化和乡村振兴，加快城乡融合发展，这是中国现代化的大方向。

——湖南省社会科学院研究员 陈文胜

二、治城市病，记住乡愁

城乡的二元发展曾经历了很长的历史时间，这也注定城乡融合发展不是眼前工程、应急工程，而是长期的历史性任务。所以，对于各地的具体探索不妨多点耐心和包容。反过来说，经历了城市化进程中的一系列城市病，我们有必要也有能力在乡村振兴进程中作出更具前瞻性的思考。在治理城市病的同时，能够让回乡市民在城镇乡村中找得回“儿时踪影”，记得住“绵绵乡愁”。城市发展要留下记忆，记住乡愁。2002年4月，时任福建省省长的习近平为《福州古厝》一书作序。他在序中写道：“现在许多城市在开发建设中，毁掉许多古建筑，搬来许多洋建筑，城市逐渐失去个性。在城市建设开发时，应注意吸收传统建筑的语言，这有利于保持城市的个性。”如何留住乡愁，如我国在城镇化进程中选择珍视历史遗存，将特色小镇作为乡愁文化延续与传承的重要载体，有利于真正留住乡愁，留住风情。

农村最大的特点，在于地缘血缘纽带和共同的集体生活记忆，在于看得见山、望得见水、记得住乡愁。乡愁是乡村建设、城乡融合中乡村文化的源头活水，是乡村居民的精神家园、故园和生活田园的归宿与期冀。乡愁是精神文明培育的过程，需要长期的教育引导、政策规制、实践养成和制度保障，绝不可误判现成的乡村就是文明、道德与精神的“天然家园”。文明程度的提升首先是经济的发展，现代文明是市场经济契约文明、法治文明的产物，绝不可陷入“越穷越道德”的“反智陷阱”。农民道德中小农经济的狭隘、自私与市场经济初起的势利也较为普遍地存在，加强乡土文化建设、继承弘扬优秀传统文化，建设“乡愁”精神家园，是城乡融合的决定性因素，是最能持续的力量。

在市民回乡的城乡融合形式中，吸引市民的乡村资源首先是不同于都市丛林的田野风光和安逸安宁安静的乡野环境，要充分利用资源环境，才能留住乡愁。风景美丽、环境安谧的田园生活是很多人追求的理想归宿，也是身心沉静、心灵净化和精神体验的试验场。建设山水牧歌式的田园风光需要持久的实践积累，当务之急是加强对乡村环境的整体设计，尤其是要树立“乡村首先是生活乐园、休憩田园”的理念。特色小镇建设是实现城乡融合发展的突破口。建设特色小镇，能够实现一二三产业融合发展，有效带动城乡一体化发展。《中共中央 国务院关于建立健全城乡融合发展体制机制和政策体系的意见》明确要求：“把特色小镇作为城乡要素融合重要载体，打造集聚特色产业的创新创业生态圈。”目前，不少地方大力推进特色小镇建设。特色小镇位于城乡接合部，鼓励城市中的企业、大学、科研机构等到城市郊区或交通便利的地方建设一些专业小镇，把上下游产业链上的企业都吸引过来，完善配套服务设施，既有利于企业降低成本，又能带动周边地区发展，在特色小镇中留住乡愁。在今后的城市化进程中，应把发展特色小镇和特色小城镇作为重点，改变过去偏重发展大城市的倾向，这能够有效避免交通拥堵、空气污染、房价畸高等“城市病”的出现。

知识链接

典型特色小镇条件和典型特色小城镇条件

（1）典型特色小镇条件

基本条件是：立足一定资源禀赋或产业基础，区别于行政建制镇和产业园区，利用3平方公里左右国土空间（其中建设用地1平方公里左右），在差异定位和领域细分中构建小镇大产业，集聚高端要素和特色产业，兼具特色文化、特色生态和特色建筑等鲜明魅力，打造高效创业圈、宜居生活圈、繁荣商业圈、美丽生态圈，形成产业特而强、功能聚而合、形态小而美、机制新而活的创新创业平台。

（2）典型特色小城镇条件

基本条件是：立足工业化城镇化发展阶段和发展潜力，打造特色鲜明的产业形态、便捷完善的设施服务、和谐宜居的美丽环境、底蕴深厚的传统文化、精简高效的体制机制，实现特色支柱产业在镇域经济中占主体地位、在国内国际市场占一定份额，拥有一批知名品牌和企业，镇区常住人口达到一定规模，带动乡村振兴能力较强，形成具有核心竞争力的行政建制镇排头兵和经济发达镇升级版。

特色小镇的发展，不在于磅礴浩大的体量建设，而在于小而精致、舒适宜人的空间环境。在空间环境的塑造过程中，保留那些触动人心的情感羁绊，更加注重人的感受与体验。同时，不仅要注重打造宜人舒适的物质空间环境，更要赋予其强力的产业支撑。城市居民选择农村居住或者说养老性休憩，不只出于对优美的自然环境、便利的生活环境、通畅的交通条件和充裕的空间景观等的需求，更在于对舒适的人文环境尤其是惬意、简易、和谐的人际关系的满意。这种满意度、获得感的要素构成就成为衡量乡村振兴成果的重要标尺。[①] 根据浙江的经验，特色小镇可以多种多样，诸如衬衣小镇、袜子小镇、领带小镇、纽扣小镇、五金小镇、丝绸小镇、网络小镇、基金小镇、创意小镇、珍珠小镇、纺织小镇、印染小镇、旅游小镇、养殖小镇、花卉小镇、家具小镇、皮革小镇等。围绕一种产品，带动一个产业，富裕一方百姓。用特色产业激活经济发展，用特色文化保留乡土气息，才能从发展与精神两个层面定义特色小镇的"特色"，让居住其中的人既有现代生活，又有情感归宿。建设特色小镇还要有一定的历史文化感。江苏推进特色田园乡村建设，就非常注重乡村的形神兼备，既留住乡村的"形"，全力恢复乡村历史质感、保护乡村原有风貌，又留住乡村的"魂"，留住乡村的非物质文化

① 参见曹英：《关于新时代城乡融合的几点思考》，《国家治理》2018 年第 22 期。

传统。保护一座祠堂，保护一棵古木，不仅能让乡愁多一个寄托之所，也能因为自重而赢得更多尊重。所以，特色小镇建设应成为解决社会主要矛盾、带动城乡融合发展的重要抓手。

特色小镇也是乡村文化的一种体现，要守住乡村文化根脉。习近平总书记指出："文化是一个国家、一个民族的灵魂。文化兴国运兴，文化强民族强。"文化之于国家、民族发展的核心价值如此，之于乡村发展、城乡融合也莫不如此。乡土文化的核心价值在使全体乡民在理想信念、价值理念、道德观念上，在思想觉悟、道德水准、文明素养上，在社会公德、职业道德、家庭美德、个人品德上，向上向善、孝老爱亲、忠诚诚信、开放包容，培育起文明乡风、良好家风、淳朴民风。质言之，就是乡民的精神风貌、乡间的道德风尚、乡亲的淳厚善良构成的乡土文化，成为返乡乡民、市民的理想、情怀和乡愁。①

典型案例

陶瓷特色小镇的蝶变之路

山东淄川陶瓷有着5000年的悠久历史。借助新旧动能转换重大机遇，怎样在传承中将其发扬光大？在陶瓷名镇、原淄博陶瓷厂所在地淄川区昆仑镇，探究这个曾经的陶都怎样在转型升级中蝶变为"特色小镇"。

---

① 参见曹英：《关于新时代城乡融合的几点思考》，《国家治理》2018年第22期。

旧貌展新颜

山东淄博瓷厂始建于1954年，是新中国成立初期淄博市投资建立的第一个日用细瓷厂。它曾是淄博人的骄傲，是陶瓷大师的摇篮，更是全国陶瓷界瞩目的焦点。然而20世纪90年代，全国陶瓷业不景气，淄博瓷厂破产了，只剩下一片破旧的老厂房。

为了保护陶瓷文化遗产，留住陶瓷人的乡愁，加快老工业基地转型升级步伐，在淄川区委、区政府的大力支持下，从2013年起，从淄博瓷厂走出来的任峰开始对该片区进行规划设计，并成立了昆仑瓷器股份有限公司。按照“修旧如旧”的设计理念，历经4年改建，1954陶瓷文化创意园终于在2017年9月正式开园。球磨机成为餐厅背景，泥浆池进了陶瓷博物馆，大碾盘改建成音乐啤酒广场，老厂房改建成陶瓷体验区、琉璃坊、陶瓷学院和会展中心，新设立的全省首家四德好人馆……高端的设计与旧厂房有机地结合起来，老工业厂区焕发出魅幻魔力。

2016年昆仑镇获“中国特色小镇”称号。昆仑镇党委书记焦鹏生介绍说：“昆仑镇产业基础雄厚，其中企业生产的牛奶杯和咖啡杯、茶杯占到了全球产量的70%，仅2018年就有约6000万只；硅元瓷器、泰山瓷业生产的高端艺术陶瓷，还经常作为国家用瓷。”近年来，依托独有的区位优势和产业基础，昆仑镇全力打造“陶瓷风情小镇 生态宜居新城”，形成以陶瓷文化创意、高端装备制造和生物医药为主导的三大特色产业，这些特色产业的集聚发展，为昆仑镇的新旧动能转换提供了充足的空间，更为经济发展提供了新的动力。

打造陶瓷文化 IP

整齐的陶瓷小镇楼房、四通八达宽阔的道路、风景秀美的 1954 文化广场、星罗棋布的陶瓷服务网点，如今漫步在昆仑镇，处处能感受到陶瓷特色小镇的味道。

走进兆霞陶瓷展厅，耳畔回荡着古典音乐，展架上摆放着各式各样的陶瓷器皿。“我从 18 岁开始就在博山做陶瓷批发，经营模式十分单一。入驻园区以来，在政府有关部门的帮助指导下，让我有机会进修深造，还引导我转型升级做陶瓷文创产品。”创始人赵霞兴致勃勃地介绍起她的转型之路。

“我们把陶瓷作为一个文化 IP 的载体，将传统五行文化与日用瓷结合起来，推出了两款产品——五行杯茶具和陶瓷音响。”赵霞笑着说：“没想到一经推出后，几乎成了爆款，很多游客都当随手礼。”

在初尝到文创的甜头后，赵霞将陶瓷与生活日常紧密结合，与茶文化、禅文化等融合后，相继推出了几个系列产品，茶具、酒具、养生杯、旅行杯等受到游客青睐。随着兆霞陶瓷规模的扩大，文创产品的知识产权保护也提上了议事日程。

兆霞陶瓷只是 1954 陶瓷文化创意园内商铺转型发展的一个“缩影”。几年来，1954 陶瓷文化创意园吸引入驻的商户有 3D 打印、奇石文玩、字画等各种业态，涵盖工业、陶瓷文化、教育、研发设计、展览、体验、餐饮、娱乐、休闲、旅游等多种业态。

园区内还有一所别具特色的陶瓷学院，由园区与淄博理工学校合作办学，30多名签约大师定期来授课，目前约有140名在校生。通过系统学习和实际操作，有助于将陶瓷文化传承。陶瓷学院自设立以来，积极与园区里的企业深度融合，让学生足不出园就可以实习、就业，为园区文创发展提供源源不断的人才。

（来源：《工人日报》2019年8月14日）

三、抓住重点，推进融合

推进城乡融合发展，必须突出重点，抓住主要矛盾和矛盾的主要方面，不能搞“眉毛胡子一把抓”。抓住重点推进融合，换句话说，就是要解决“怎么振兴”的问题。

在“怎么振兴”的问题上，要将推动城乡二元结构变革作为主动力。我国经济已由高速增长阶段转向高质量发展阶段，农业农村发展同样面临着结构优化、动力转换的新任务。西方国家的现代化实践表明，城镇化进程往往伴随着一定程度的乡村衰退。尽管我国乡村发展总体良好，但城乡二元结构问题依然普遍存在。这一方面使城市独具资源集聚的优势，在市场机制作用下强化了对乡村要素的“吸附效应”；另一方面使城市和工业处于中心地位，在政策体系方面强化了以城统乡、以工带农的城乡不平等发展格局。党的十九大提出建立健全城乡融合发展体制机制和政策体系，就是要通过制度变革、结构优化、要素升级，实现新旧动能转换，在改革、转型、创新三个方面推动城乡地位平等、城乡要素互动、城乡空间共融。我们既要充分发挥政府的主导作用，大力推进体制机制创新，强化乡村振兴制度性供给，探索以基础设施和公共服务为主要内容的城乡融合发展政策创新，确保农业农村的优先发展，也要充分发挥市场在城乡要素资源配置中的决定性作用，构建推动城乡要素双向流动与平等交换的体制机制。[①] 具体而言，推进城乡融合发展，需要从以下几个方面着手。

1. 更新发展理念

城乡融合发展不能只是按照经济规律的要求实现资源要素的优化配置，因为每一个村庄的形成都是社会与自然演变的结果，很多村庄的形成有千百年的历史，要遵循生态发展规律，特别是社会发展规律，把发展理念上升到“四个全面”和“五位一体”的大战略上来。

2. 激活内生动力

最关键的就是要实现乡村的自主发展，使农业发展不再服从工业发展的需要，农村发展不再服从城市发展的需要，实现乡村从被动地接受城市与工业的反哺和扶持、被动地接受城市与工业发展的带动和辐射，到成为与城市并行发展主体的转变，在保持城乡各自独立性和差异化的前提下，更加注重发挥乡村主动性，充分激发乡村活力。

3. 健全体制机制

“城市像欧洲，农村像非洲”是我国城乡反差最直观的体现，其中农村基础设施和基本公共服务难以满足农民需求是不争的事实。一方面，

① 参见湖南省中国特色社会主义理论体系研究中心：《实施乡村振兴战略 走城乡融合发展之路》，《求是》2018 年第 6 期。

要充分发挥政府在城乡融合发展中的主导作用，推进农村集体产权制度改革、农民市民化改革，建构以基础设施和公共服务为主要内容的城乡融合发展机制。另一方面，要充分发挥市场在城乡要素资源配置中的决定性作用，利用市场机制对城乡优势资源的统筹利用，推动城乡要素资源双向流动与平等交换。

4. 唤醒乡村潜能

乡村一直被认为是提供粮食、农副产品和工业用原材料的供应基地，农业的发展几乎是乡村发展的全部内容，而生态、文化、社会的价值优势被忽视。随着信息化的不断推进，互联网极大地改变了城乡的空间距离，乡村相对于城市的比较优势不断凸显出来，乡村的功能进入了多元发展时代。

5. 建构融合支撑

以特色小镇作为城乡融合发展的核心，将此作为区域一体化的对接点、连接城市和乡村的支撑点、中心城市的扩散点，把乡村优美环境、人文风俗、历史文化、特色资源等在空间上进行集中和集聚，形成城、镇、乡村三者的功能分工，优化城乡空间布局。

6. 善于利用信息技术

我们要高度重视先进技术这个关键变量。信息技术和网络经济已经极大地改变了城乡的空间距离，乡村不再只是提供农产品的生产基地。乡村在生态、文化、社会等方面的独特价值，对满足人民的美好生活需要有着越来越重要的作用。我们需要为新技术新产业新业态新模式在乡村的发展开辟广阔道路，使乡村的新动能加快成长，成为破解城乡二元结构的内生动力。

专家观点

乡村首先是生活乐园、休憩田园

乡村凋敝是现代化运动的必然结果，资源集中是现代化运动的必须选项，资源集中的“虹吸效应”必然使农村资源尤其是人力资源高度城市化。但城市化运动完成的显著标志又必然是国家整体现代化，城市反哺农村、工业补偿农业是理所当然的。农村现代化过程并不是村民（农民）再度集中于乡村的过程，人口、资源的相对性减少仍是客观存在与趋势，现代化的成果更多体现在生活条件尤其是社会保障、医疗卫生、教育等的改善上，在于宜居环境的建设与固化上。因此，乡村在城乡融合的现代化运动中的定位是村民安居乐业的家园、快乐安宁的生活乐园和返乡归乡回乡市民的休憩田园，在于生活设施的现代化、生活环境的优质化、公共管理与服务的均等化，并非社会资源的等同化、农村人口的再度集中、农民就业的重新回归。自然村落与城镇化并行不悖，城镇化既是农村现代化运动的必由之路，也是国家快速现代化的必然选择。但城乡融合过程中的乡村建设，既需要包括人口在内各种资源的最优化处置，使城镇在消化就业、扩大产业中发挥重要作用。但回乡市民、返乡村民二次进村，并不一定期望于城镇化的生活环境，这时需要遵循乡村发展规律，统筹考虑产业发展、人口布局、公共服务、土地利用、生态保护，注重地域特色，注重因地制宜，注重原子化、聚群化、村落化、城镇化各色发展，各美其美。

——中国人民公安大学公安管理学院教授 曹英

四、乡村振兴，旨归是人

社会发展的最终决定因素是人，个体的获得感是判断社会建设优劣的出发点与落脚点。居民个体自由选择居住地是对当地自然、人文多种环境的综合考量。在我国现代化过程的较长时间内，城市自然、人文环境质量均显著优于乡村，乡村始终处于落后、欠发达状态。在这种优势差异显著的区间内，城乡居民的居住选择趋势就成为判断城乡差异或者融合度的显著要素，这也是“人往高处走”的社会规律。因此，在城乡发展不均衡情况具有悠久历史的中国，城市居民向乡下、农村转移的人数多少、舒适程度和时间长短，自然可以成为判断城乡融合度的显性标志。[①] 可见，乡村振兴，最终旨归是“人”。乡村振兴的主体是人，振兴成果的维护者、享受者也是人。厘清了这个问题，就解决了“谁来振兴”的问题。

在“谁来振兴”的问题上，将实现乡村自主发展作为突破口。乡村振兴必然要发挥政府的主导作用，推动市民下乡、能人回乡、企业兴乡，带动资金、技术和人才的进入，凝聚乡村发展的合力。一些地方已开展

① 参见曹英：《关于新时代城乡融合的几点思考》，《国家治理》2018 年第 22 期。

了有益探索，如湖北省启动实施市民下乡、能人回乡、企业兴乡“三乡工程”，以政策推动、乡情感动、项目驱动、工程带动各类人才支持乡村振兴，仅2017年就有4000多名能人回乡。四川省提出实施基层党组织“万名好书记”培养引领计划，努力打造一支优秀村党组织书记队伍。解决乡村产业缺人、缺人才的问题，应立足城乡人口流动的大趋势，坚持内培与外引相结合，强化育才措施，优化留人环境，促进各路人才“上山下乡”投身乡村振兴。习近平总书记强调，人民是历史的创造者，是决定党和国家前途命运的根本力量。必须坚持人民主体地位，依靠人民创造历史伟业。实施乡村振兴战略作为新时代“三农”工作的总抓手，事关党和国家事业全局与广大农民的根本利益，必须坚持农民主体地位，紧紧依靠农民来推动。党中央明确了坚持农民主体地位的基本原则，这不仅是乡村振兴的本质和核心，也是乡村振兴的出发点和落脚点，从根本上说是以人民为中心的政治立场决定的。过去一些地方只注重搞“示范村”，树立典型样板，结果加剧了乡村之间发展的不平衡，造成了乡村之间在政策上的不公平。这种“背着钱袋去喂养”的做法也弱化了乡村自身发展的原动力，导致乡村发展对外依赖性越来越强，越来越丧失自主能力和创造能力，城乡之间发展越来越不平衡。从更深层次上看，产生这些问题的根源在于一些地方的乡村在工业化和城镇化进程中丧失了自身发展的主动性和自主权，被动地接受工业与城市的反哺和扶持，被动地接受城市与工业发展的带动和辐射。因此，实施乡村振兴战略，推进城乡融合发展，关键是要充分激发乡村实现自身发展的内在动力，激发农民创造自己美好生活的自主能力，在保持城乡各自独立性和差异化的前提下尊重乡村自主，让广大村民群众成为乡村振兴的主体。[1]

除培养造就懂农业、爱农村、爱农民的“三农”干部队伍之外，发挥“乡贤文化”的领头作用也是有力举措。“乡贤”是封建农耕文化的一种产物，原指民间基层本土、本乡有德行、有才能、有声望而深为当地民众所尊重的人。随着社会经济的发展，“乡贤”被赋予了新的定义。现在，“乡贤”是“作为乡村传统文化的守望者、新时代的道德模范和一批具有正能量的人物”，如今的乡贤是所有愿意为家乡发展建设建言献策、出钱出力的先进人物，包括在外经商的业界人士、退居二线的政府官员、德高望重的基层干部、有心回报故土的贤才志士等。乡土文化建设有赖于自治、法治、德治相结合的社会治理。文明风尚的形成是居民个体自觉的过程，也是规则制定的过程。个体参与社会治理，体验公共精神、公共规则的利他利己精神；法治规则的程序秩序规范、德化民心、成己成人的忠恕之道，能使乡民和村民涵养正气、淬炼气质、升华境界，弘扬社会正气，移风易俗、文明进步、安定有序。

党的十八大以来推进的新一轮改革，更是直面乡村发展的焦点、难点问题，从城乡养老并轨、社会救助并轨，到基本医疗保险并轨，从城镇常住人口基本公共服务并轨到户籍并轨，不断推进土地制度、公共服务这两个最基本制度的变革，工与农、城与乡的界限逐渐打破，城乡二元结构的冰点正在消融，难点开始破题，底线加紧筑牢。这一轮轮改革，充分体现了以人民为中心的发展思想与政治立场。

① 参见湖南省中国特色社会主义理论体系研究中心：《实施乡村振兴战略 走城乡融合发展之路》，《求是》2018 年第 6 期。

专家观点

注重乡村振兴与新型城镇化双轮驱动

乡村振兴与城镇化不是对立的，而是相辅相成、互相促进的。城镇化发展比较好的地区，乡村振兴往往更有成效、更有特色。同时，乡村发展较好的地区，城镇化质量往往也比较高。现阶段，我国仍处于城镇化快速发展期，既需要继续推进新型城镇化，也需要推动乡村振兴，做到双轮驱动。实现双轮驱动，要持续推动新型城镇化，为乡村振兴提供源源不断的动力。城镇化可以为乡村振兴提供更多的市场需求、更雄厚的资金后盾和更强大的技术支撑，是乡村振兴重要的动力所在。新时代推进城镇化要坚持以人民为中心，完善城镇化健康发展体制机制，推动农业转移人口市民化。实现双轮驱动，要适应我国城乡格局和城乡关系变动的新特征，着力构建大中小城市、小城镇和广大村庄协调发展的空间形态。要顺应村庄发展规律和演变趋势，根据村庄的区位特征、发展现状、资源禀赋等，分类推进乡村振兴。比如，对那些条件恶劣、人口流失严重的村庄，应当在尊重农民意愿的基础上，逐步进行搬迁、撤并；对规模较大的中心村，应当科学合理确定未来发展方向，规划先行、改造提升、优化环境、增添活力，建设宜居宜业的美丽乡村；对那些具有地方、民族、传统文化特色的村庄，要努力保持村庄的完整性、真实性和延续性，在保护中利用，在利用中实现新的发展。

——国务院发展研究中心党组书记 马建堂

延伸阅读

1. 叶敬忠:《中国乡村振兴调研报告（2018—2019）》，社会科学文献出版社2019年版。

2. 柴晶霞:《乡村振兴战略下特色小镇建设研究》，延边大学出版社2019年版。

3. 童禅福:《走进新时代的乡村振兴道路——中国“三农”调查》，人民出版社2018年版。

深度思考

1. 城乡二元土地市场刺激了城市蔓延扩张，土地城镇化速度显著快于人口城镇化速度，农民无法同等分享城镇化发展带来的好处，加剧城乡发展不平衡程度，此问题的有效解决办法有哪些?

2. 如何解决城乡基本公共服务标准差距依然较大的问题？如何解决教育发展不均衡和卫生发展不均衡的问题?

3. 在村庄布局、乡村基础设施、生态环境、乡村文化保护和传承、村庄治理方面均存在哪些改善空间?

第三章

守正创新，把握城乡融合发展的原则

党的十一届三中全会之后，农村率先启动改革开放的历史进程。从1978年至1985年的最初阶段，农村靠市场机制激发出经济活力，相对于仍然受计划经济支配的城市，发展差距缩小了，证明市场经济体制是社会主义制度下城乡融合发展的必要前提。然而，市场经济体制并不是城乡融合发展的充分条件。随着改革开放的主战场由农村转移到城市，市场竞争越来越广泛，越来越深入，自20世纪80年代中后期以来，我国城乡发展差距不断扩大，乃至形成了“看城市像欧洲，看农村像非洲”的局面。在国际共产主义运动史上，第一个现实地构建社会主义城乡关系的国家是苏联。列宁在十月革命胜利后指出：“鉴于城乡对立是农村经济和文化落后的最深厚的根源之一……消灭这种对立是共产主义建设的根本任务之一。”对于消灭城乡对立的途径，列宁认为，在消灭了资产阶级统治之后建立起来的社会主义制度下，主要靠大力推进国家工业化，让城市有能力帮助农村实现电气化和机械化，既能够提高农业劳动生产率，又能够消除繁重的体力劳动带给农民的痛苦。为了发展社会主义经济，列宁在晚年放弃战时共产主义政策，转而采取新经济政策，也就是通过商品交换促进城乡经济发展。列宁去世后，他的继任者斯大林虽然坚持国家工业化的发展目标，但放弃了新经济政策，全面采用计划经济体制。在城乡关系上，当时推行了“剪刀差”政策，即从农村低价收购农产品，向农村高价销售工业品。这样就损害了农民的利益。这一政策从短期看有利于城市和工业的发展，但从长期看则削弱了社会主义经济活力。中国特色社会主义进入新时代，中国实施乡村振兴战略，推动融合发展，需要革故鼎新，把握好城乡融合发展的原则。

建立健全城乡融合发展体制机制和政策体系的基本原则

一、坚持遵循规律、把握方向

《中共中央 国务院关于建立健全城乡融合发展体制机制和政策体系的意见》明确要求："顺应城镇化大趋势，牢牢把握城乡融合发展正确方向，树立城乡一盘棋理念，突出以工促农、以城带乡，构建促进城乡规划布局、要素配置、产业发展、基础设施、公共服务、生态保护等相互融合和协同发展的体制机制。"

根据国家发改委提供的数据，2018 年我国户籍人口和常住人口城镇化率分别提高到 43.37%、59.58%。党的十八大以来，已有 9000 多万农业转移人口成为城镇居民。在我国经济持续较快发展，特别是工业化、城镇化持续快速推进的背景下，我国已经进入城乡融合发展的新阶段。改革的抓手，就是协调推进乡村振兴战略和新型城镇化战略。改革的目标，就是缩小城乡发展差距和居民生活水平差距。改革的路径，就是以完善产权制度和要素市场化配置为重点，坚决破除体制机制弊端，促进城乡要素自由流动、平等交换和公共资源合理配置。所以，要树立城乡融合发展理念。坚持农业现代化和农村现代化一体设计、一并推进，通过建立城乡融合的体制机制，加快形成以工促农、以城带乡、工农互惠、城乡一体的新型工农城乡关系，逐步实现城乡居民基本权益平等化、城乡公共服务均等化、城乡居民收入均衡化、城乡要素配置合理化，以及城乡产业发展融合化。

二、坚持整体谋划、重点突破

城乡融合是一盘大棋，需要统筹谋划，科学施策，积极推进。党的十八大以来，我们在统筹城乡发展方面作出了更多探索和更大努力，并取得了巨大成绩。但是，进入新时代，我们所面临的各种条件和环境都正在或已经发生深刻变化，影响城乡融合发展的一些体制机制老问题和新问题也交织在一起。在这种背景下，就需要我们对重塑新型城乡关系进行更有针对性的决策部署。

对此，《中共中央 国务院关于建立健全城乡融合发展体制机制和政策体系的意见》提出的一条基本原则就是："坚持整体谋划、重点突破。围绕乡村全面振兴和社会主义现代化国家建设目标，强化统筹谋划和顶层设计，增强改革的系统性、整体性、协同性，着力破除户籍、土地、资本、公共服务等方面的体制机制弊端，为城乡融合发展提供全方位制度供给。"从国情农情来看，整体谋划就是围绕乡村全面振兴和社会主义现代化国家建设目标，强化统筹谋划和顶层设计，增强改革的系统性、整体性、协同性。重点突破就是针对融合发展中的难点、薄弱点和关键点，主动攻关、努力攻关，坚决破解阻碍融合发展的新老矛盾。

整体谋划是城乡融合发展按照正确方向前进的制度保证。这些年，在城乡融合发展实践中，各地进行了积极探索，既有总体进展，也有重点突破。不过，一些阻碍城乡融合发展的深层次矛盾、一些影响新型城乡关系建立的体制机制障碍，比如户籍改革、农村土地制度改革、城乡基本公共服务普惠共享、城乡基础设施一体化等方面存在的问题，并没有根本消除。

解决这些矛盾和问题，需要各地实事求是、因地制宜地积极探索进取，但这些体制机制问题并不是一地一城能够从根本上解决的。同时，还要确保不犯方向性错误，不在道路上出错，尤其是在一些普遍性、根本性、全局性问题上，不能有任何偏差。比如，在确保农村土地集体所有制性质、保护耕地红线、维护农民利益、生态保护红线等问题上，就必须按照严格顶层设计，强调底线思维，不能越过法律政策界限，不能突破底线、越过红线。否则，改革就失去了意义。

重点突破是城乡融合发展不断推进的方法保证。我国国情农情复杂，在发展程度、人口分布以及文化生态等方面都存在很大差别。在这种情况下，如果以“齐步走”“一刀切”的思维方法来推动改革，就可能会陷入步履艰难、进退失据的境地。这就需要立足实际、分门别类，在确保改革正确方向的前提下，发挥各地的主观能动性，大胆探索、积极探索，找到具有普遍性、可复制的方法经验，以点带面取得城乡融合改革的全面进展。①

① 参见瞿长福:《城乡融合要坚持整体谋划与重点突破》,《经济日报》2019 年 5 月 7 日。

三、坚持因地制宜、循序渐进

实施乡村振兴战略，要处理好顶层设计和基层探索的关系，党中央已经明确了乡村振兴的顶层设计，各地要制订符合自身实际的实施方案，科学把握乡村的差异性，因村制宜，发挥亿万农民的主体作用和首创精神，善于总结基层的实践创造。《中共中央 国务院关于建立健全城乡融合发展体制机制和政策体系的意见》明确指出："充分考虑不同地区城乡融合发展阶段和乡村差异性，稳妥把握改革时序、节奏和步骤，尊重基层首创精神，充分发挥地方积极性，分类施策、梯次推进，试点先行、久久为功，形成符合实际、各具特色的改革路径和城乡融合发展模式。"

中国的国土地域广阔，不同地区的发展基础和水平差异很大，改革涉及面广、难度大。因此，要从各地区实际出发，充分考虑不同地区城乡融合发展阶段和乡村差异性，稳妥把握改革时序、节奏和步骤，分类施策、梯次推进，试点先行、久久为功。推进城乡融合发展补齐乡村发展短板，必须落实以人民为中心的发展思想，鼓励勤劳致富，统筹提高农民的工资性、经营性、财产性、转移性收入。城乡一体化关键是以人民为中心，帮助乡村农民融入城市生活。尊重乡村农民的意愿和首创精神，从群众需求出发确定创新方向，以乡村农民满意与否作为评价创新成效的根本标准，不搞强迫命令，不搞形象工程，确保乡村农民从城乡融合发展中共同受益。

四、坚持守住底线、防范风险

习近平总书记在庆祝改革开放 40 周年大会上的讲话中指出：“必须坚持辩证唯物主义和历史唯物主义世界观和方法论，正确处理改革发展稳定关系。改革开放 40 年的实践启示我们：我国是一个大国，决不能在根本性问题上出现颠覆性错误。我们坚持加强党的领导和尊重人民首创精神相结合，坚持‘摸着石头过河’和顶层设计相结合，坚持问题导向和目标导向相统一，坚持试点先行和全面推进相促进，既鼓励大胆试、大胆闯，又坚持实事求是、善作善成，确保了改革开放行稳致远。”改革是经济和社会发展的强大动力，是为了进一步解放和发展社会生产力。没有改革，我们就不可能走出一条中国特色社会主义的正确道路，我们的事业就不可能顺利前进。发展是目的，改革和稳定说到底都是为了发展。在当代中国，解决所有问题的关键是靠自己的发展。增强综合国力，改善人民生活；巩固和完善社会主义制度，保持稳定局面；顶住霸权主义和强权政治的压力，维护国家主权和独立；从根本上摆脱经济落后状况，跻身世界现代化国家之林，都离不开发展。稳定是前提，改革和发展都需要有一个稳定的社会环境。没有一个稳定的政治局面，国家处在动荡之中，不能为生产力的发展创造有利的条件，不能为人民生活水平的提高提供安定的社会环境，再好的愿望也要落空，再好的计划、方案也无法实施。《中共中央 国务院关于建立健全城乡融合发展体制机制和政策体系的意见》明确要求：“正确处理改革发展稳定关系，在推进体制机制破旧立新过程中，守住土地所有制性质不改变、耕地红线不突破、农民利益不受损底线，守住生态保护红线，守住乡村文化根脉，高度重视和有效防范各类政治经济社会风险。”

（一）守住土地所有制性质不改变

农村土地问题始终是关系我国改革发展稳定大局的根本问题。深化农村土地制度改革，不能把农村土地集体所有制改垮了。农村土地实行农民集体所有，保障了农民平等拥有最主要的农业生产资料，也保障了农民最基本的居住需要，是实现农民共同富裕的制度保障，是中国特色社会主义的重要制度特征。在变更农村土地公有制性质上瞎折腾是要付出巨大代价的。深化农村土地制度改革的根本方向是，落实农村土地集体所有权，稳定农户承包权，放活土地经营权。落实集体所有权，就是落实“农民集体所有的不动产和动产，属于本集体成员集体所有”的物权法规定，明确界定农民的集体成员权，明晰集体土地的产权归属，实现集体产权主体清晰。稳定农户承包权，就是公平合理地将承包权分配给每个有资格的集体成员。放活土地经营权，就是将土地经营权配置给有经营意愿和经营能力的主体，提高农业土地资源利用效率，破解“谁来种地、怎么种”的难题。

《乡村振兴战略规划（2018—2022年）》对如何“加强乡村振兴用地保障”作出明确要求：“完善农村土地利用管理政策体系，盘活存量，用好流量，辅以增量，激活农村土地资源资产，保障乡村振兴用地需求。”具体有以下几个方面。

1. 健全农村土地管理制度

总结农村土地征收、集体经营性建设用地入市、宅基地制度改革试点经验，逐步扩大试点，加快土地管理法修改。探索具体用地项目公共利益认定机制，完善征地补偿标准，建立被征地农民长远生计的多元保障机制。建立健全依法公平取得、节约集约使用、自愿有偿退出的宅基地管理制度。在符合规划和用途管制前提下，赋予农村集体经营性建设用地出让、租赁、入股权能，明确入市范围和途径。建立集体经营性建设用地增值收益分配机制。

2. 完善农村新增用地保障机制

统筹农业农村各项土地利用活动，乡镇土地利用总体规划可以预留一定比例的规划建设用地指标，用于农业农村发展。根据规划确定的用地结构和布局，年度土地利用计划分配中可安排一定比例新增建设用地指标专项支持农业农村发展。对于农业生产过程中所需各类生产设施和附属设施用地，以及由于农业规模经营必须兴建的配套设施，在不占用永久基本农田的前提下，纳入设施农用地管理，实行县级备案。鼓励农业生产与村庄建设用地复合利用，发展农村新产业新业态，拓展土地使用功能。

3. 盘活农村存量建设用地

完善农民闲置宅基地和闲置农房政策，探索宅基地所有权、资格权、使用权“三权分置”，落实宅基地集体所有权，保障宅基地农户资格权和农民房屋财产权，适度放活宅基地和农民房屋使用权，不得违规违法买卖宅基地，严格实行土地用途管制，严格禁止下乡利用农村宅基地建设别墅大院和私人会馆。在符合土地利用总体规划前提下，允许县级政府通过村土地利用规划调整优化村庄用地布局，有效利用农村零星分散的存量建设用地。对利用收储农村闲置建设用地发展农村新产业新业态的，给予新增建设用地指标奖励。

（二）严守耕地红线

我国耕地总量不足、质量堪忧，而城市建设走的是外延扩张和大量消耗土地资源的路子。与此同时，尽管农村常住人口趋于减少，但农村建设用地不降反增。不少地方出现“空心户”“空心村”，土地资源严重闲置。在快速城镇化进程中，如果缺乏有效的土地空间规划管理和具有法律强制力的农田保护措施，不仅良田会继续大量流失，危及粮食安全，而且城镇化会无序发展，城市病会滋生蔓延。深化农村土地制度改革，必须守住耕地红线不突破这条底线，不能把耕地改少了。这是对子孙后代负责，是确保主要农产品基本产能特别是口粮基本自给的基础。守住耕地红线，既需要发展紧凑型城镇、提高城镇人口密度，也需要提高农村建设用地的集约度，统筹利用城乡存量建设用地，提高城乡建设用地利用水平。应强化耕地占补平衡的法定责任，防止发生只占不补、先占后补、占多补少、占优补劣的现象。应建立耕地和基本农田保护领导干部离任审计制度，做到守土有制、守土有责。《乡村振兴战略规划（2018—2022年）》明确要求：“严守耕地红线，全面落实永久基本农田特殊保护制度，完成永久基本农田控制线划定工作，确保到2020年永久基本农田保护面积不低于15.46亿亩。大规模推进高标准农田建设，确保到2022年建成10亿亩高标准农田，所有高标准农田实现统一上图入库，形成完善的管护监督和考核机制。加快将粮食生产功能区和重要农产品生产保护区细化落实到具体地块，实现精准化管理。加强农田水利基础设施建设，实施耕地质量保护和提升行动，到2022年农田有效灌溉面积达到 10.4 亿亩，耕地质量平均提升 0.5 个等级（别）以上。”

（三）农民利益不受损

农村土地制度改革既涉及农村内部利益关系调整，又涉及工农、城乡以及国民经济部门之间利益格局调整。深化土地制度改革，必须坚守农民利益不受损的底线。当前，土地制度存在的矛盾确实很多，最大的问题就是征地范围过宽，对农民的补偿标准明显偏低。从保护农民利益的角度讲，当务之急是在法律上改革征地补偿办法。应按照党的十八届三中全会提出的“建立兼顾国家、集体、个人的土地增值收益分配机制，合理提高个人收益”和“保障农民公平分享土地增值收益”的要求，坚持公平合理补偿的原则，着力解决因征收补偿安置标准过低造成被征地农民生活水平下降、长远生计无保障等问题。依法约束滥用征地权，明确补偿资金不落实的不得批准和实施征地。建立征地补偿争议协调裁决制度，完善司法救济程序。过去，无论是经营性建设用地还是公益性建设用地，只要城市建设需要，政府都动用征地权对农村集体土地实施征收。如果沿着这条老路走下去，农民就只能等着“被城镇化”。改革土地征收制度，就是要严格界定公益性和经营性建设用地，回归宪法规定的“国家为了公共利益的需要”才动用征地权这一基本原则。在此基础上，对符合规划的经营性建设用地不再实施征收，农村集体土地可以直接进入一级市场。农村宅基地制度是国家为保障农民基本生活和居住权利而实施的一种特殊制度安排。应完善农村宅基地管理制度，引导和规范农村宅基地合理流转。同时，防止以扩大城镇非农建设用地来源为目的，强行收回农民宅基地，损害农民宅基地权益。

另外，守住生态保护红线，高度重视和有效防范各类政治经济社会风险。生态保护红线是生态环境安全的底线。“绿水青山就是金山银山”，近年来国家对生态保护工作非常重视，农业生产与生态环境保护关系极为密切，农村发展建设也有可能侵占生态保护红线，因此来讲，城乡融合发展和土地制度改革必须重视生态保护。同时要守住乡村文化根脉。乡村文化根脉是一代又一代农民在劳动实践中积累下来的智慧和形成的优良传统，是丰富的精神食粮，也是一笔巨大的财富，更是农村发展的根基和动力，不管城乡如何融合，农村如何发展，农民怎样富裕，长期积淀形成的乡村文化根脉绝不能丢。

五、坚持农民主体、共享发展

《中共中央 国务院关于建立健全城乡融合发展体制机制和政策体系的意见》明确要求：“发挥农民在乡村振兴中的主体作用，充分尊重农民意愿，切实保护农民权益，调动亿万农民积极性、主动性、创造性，推动农业全面升级、农村全面进步、农民全面发展，不断提升农民获得感、幸福感、安全感。”

中国是一个发展中的农业大国。国家社会经济的发展、建设离不开“三农”的发展。党的十九大报告强调：“农业农村农民问题是关系国计民生的根本性问题，必须始终把解决好‘三农’问题作为全党工作重中之重。”党的十九届四中全会提出：“坚持和完善统筹城乡的民生保障制度，满足人民日益增长的美好生活需要。”因此，乡村本土“原住民”的地位和作用不可忽视。乡村振兴坚持农民的主体地位，是以人民为中心的发展观在乡村振兴战略中的体现，只有全面实现农民在乡村振兴中的受益主体、建设主体和治理主体地位，才能更好地坚持农民的主体地位，使乡村振兴战略行稳致远。乡村振兴是全体农民的共同责任。乡村振兴中党的领导、政府的支持、市场的推动、社会的关心和农民的参与缺一不可。当前尤其需要提高农民在乡村振兴中的责任意识。只有当全体农民意识到自己在乡村振兴中的责任并且勇敢地、自觉地来承担自己的责任，乡村振兴战略才能真正激发出全体农民的积极性、主动性、创造性。乡村振兴只有确保农民的受益主体地位，把维护农民群众根本利益、促进农民共同富裕作为出发点和落脚点，才能使产业发展、生态建设、文化建设、社会治理等活动不偏离乡村振兴的初衷和目标，才能真正不断提升农民的获得感、幸福感、安全感。

（一）家庭经营是农民的基础和底色

家庭经营（包括家庭农场）成为最普遍的农业经营形式，也是由农业的产业特征决定的。虽然将来农业经营形式会多样化，但家庭经营在任何时候都应是我国农业最基本的经营形式。当前一些地方政府在落实乡村振兴战略、确定本地实施规划和行动方案的过程中，却片面地将乡村振兴与规模经营和资本下乡等同起来。从世界各国农业发展经验及本国实践看，工商资本下乡租赁土地后，不可能雇用所有在原来土地上劳作的农民，这在一定程度上会对农民形成“挤出效应”。因此，就我国目前大部分农村而言，在现阶段维持土地制度的稳定性确有其必要性，谨防陷入过度规模化带来农民失业、乡村社区消亡、多样化农业的陷阱。为此，有必要从法律、政策层面因地制宜地对工商资本下乡的规模、涉足领域等设定明确的界限。比如，可以引导、鼓励工商资本在提供优良品种、先进技术、储运设施、营销加工等方面发挥更好的作用。“三农”不仅是农业，还包括农民和农村，资本下乡可以说解决不了中国人多地少、农民数量庞大的问题。只有依靠农民，才能解决“三农”的根本问题。

（二）乡村振兴战略的制度性供给

1. 保障农民权利

不可否认的是，农民群体由于主体地位的缺失，正在不知不觉地逐步丧失发展能力。尊重、保障农民的各项权利，是落实农民主体地位的基础。从相关法律及法规来看，农民享有的权利有一大堆，但在现实层面，农民群体太弱，没有能力保护自己的权利，这些权利也就更多地只能是停留在纸面上。习近平总书记反复强调：“新形势下深化农村改革，主线仍然是处理好农民和土地的关系。”所以，要推进体制机制创新，强化乡村振兴制度性供给，完善产权制度，巩固和完善农村基本经营制度，深化农村土地制度改革，深入推进农村集体产权制度改革。农村土地问题的核心是土地制度的缺陷，或者说是体制问题。通俗地说，改革的目标应是确保农民在自己的承包地和宅基地上能真正做得了主，给予农民真正权利。

2. 提升农民能力

要提升农民的发展能力，须多措并举，全方位发力。具体来说，首先，推动农村基础设施提档升级，加强农村社会保障体系建设；其次，推进健康乡村建设，持续改善农村人居环境；再次，要打好精准脱贫攻坚战，强化乡村振兴的人才支撑、投入保障及法治保障，大力培育新型职业农民……其实，类似的要求在近年来的中央文件特别是每年的中央一号文件中，都有论述及具体体现，但农民的发展能力始终提升不明显。究其原因，可能是地方政府重视的方式还不够科学。那么怎么才能让地方政府把提升农民的发展能力、增加农民收入摆在优先位置，从而确保中央政策不折不扣地落到实处呢？那就必须让各级党委和政府提高对实施乡村振兴战略重大意义的认识。提高认识，仅靠宣传教育是不够的，必须有配套的制度来约束，如完善领导体制机制，确保把农业农村优先发展原则体现到各个方面。建立实施乡村振兴战略领导责任制，党政一把手是第一责任人。修改、完善领导干部考核评价机制，建立党政领导班子和领导干部推进乡村振兴战略的实绩考核制度，将考核结果作为选拔任用领导干部的重要依据。①

典型案例

“五个一体化”：城乡融合发展的顺庆实践

近年来，四川省南充市顺庆区围绕建设“成渝第二城核心功能区”，以推进城乡公交、集中供水、医疗卫生、治安联防、环境整治“五个一体化”改革为重点，不断缩小城乡差距，改变农村面貌，形成了破解城乡二元结构、实现城乡区域协调发展的新样板。

① 参见倪荣远、马高峰：《发挥农民在乡村振兴中的主体作用》，《学习时报》2019年1月23日。

城乡公共交通一体化 乡村有了公交车

两年前，顺庆区第一条城乡公交线路——城北客运站至搬罾镇的“幸福1路”公交线路正式开通的情景，如今仍让搬罾镇小河坝村四组村民冯得福记忆犹新。

“通车那天，我们村上的人绝大部分都去现场观看，周围村子也去了近百人。”冯得福告诉记者，那天是自己第一次看到公交车驶进田野乡间，“现在去城里卖点农副产品，走出家门就坐公交车，太方便了。”

“‘幸福1路’公交路线全长约28公里，途经26个站点，单程票价3元，年满70岁的老年人可免费乘车。”据顺庆区交通运输局局长黄俊介绍，自2016年3月起顺庆开通首条农村公交线路“幸福1路”到2018年7月“幸福8路”开通运营，如今顺庆区农村“幸福”公交线路已开通8条，投入40辆公交车。覆盖全区的城乡密集公共交通服务网络，让农村群众享受到了出行的便捷。公交线路不但通到了乡村，也通到了老百姓的心坎里，“幸福”公交成为深受百姓欢迎的惠民工程。

据了解，围绕农村孩子读书乘车难、农民卖菜运输难、老人就医出行难等问题，顺庆区投入2亿元，推行“城乡公交一体化”改革惠民工程。截至2018年，开通幸福公交专线8条，通行里程296公里，运输旅客312万人次，惠及15个乡镇（含涉农街道）154个行政村16万群众。到2020年，将覆盖23个乡镇（含涉农街道）27万城乡群众。

顺庆区组建区公交管理服务中心，统一实施、统一宣传和统一服务。采取“政策扶持、行业监管、企业化运行”模式，整合组建城镇公交有限责任公司，注册资本500万元，推进城乡公交运行实现同档次、同水平、同质量。调整优化线路，开通城乡公交绿色通道，整合现有城镇公交线路和农村客运班线，实现村村通公交车；“量身定制”36辆新能源公交车，修建50余座港湾式公交站台；新改（扩）建黄金—共兴等6条乡村公路350余公里。

保持城乡公交公益化属性，实行政府定价和补贴相结合的方式，每年投入600余万元，普通群众出行的票价在现行班车票价基础上下浮50%。出台奖补政策，对45座以上、25座以上、14座以上的运营公交车，分别按每车每年13.3万元至6万元不等的标准补助运营费用。

城乡安全饮水一体化 农家用上自来水

作为四川省首批统筹城乡综合配套改革试点区，顺庆区城乡安全饮水一体化工程于2015年9月正式启动。先后投资3.2亿元，采取“政府投资＋社会投入”模式，初步完成桂花湖片区、嘉陵江片区、顺西片区“三大片区”农村集中供水工程和农村管网配套建设，实现农村新建用户统一水价为2.6元/吨，基本达到城乡饮用水同城、同网、同质、同价目标。

2018年9月27日上午，记者在顺庆区新复乡元池坝村村民罗家富家里看到，自来水管道接进了厨房，拧开水龙头，洁净的自来水“哗哗”流出。罗家富表示，过去他们家吃水都是从后山的井里挑，下雨天水质浑浊，旱季时干涸见底，要到几公里远的地方找水吃。“现在用水特别方便，家里通自来水那天，家里老人高兴得抹眼泪，说做梦都没想过这辈子在家里能用上自来水。”

“城乡安全饮水一体化工程是区委、区政府建设统筹城乡先行区战略的重要组成部分。”据顺庆区水务局相关负责人介绍，顺庆区以城区已实现供水的区域为基础，统筹考虑涉农街道、乡镇的供水实际情况，在规划上做到农村城镇全面覆盖，不留空白；按照水资源分布情况，将未实现统一供水的区域划分为“三大片区”，即桂花湖片区、嘉陵江片区和顺西片区。投入1.4亿元建设全区城乡接合部管网工程和农村小型分散供水工程，解决7.4万农村群众安全饮水问题，实现全区安全供水全覆盖。

在建设上，该区实施桂花水厂、嘉陵江水厂、顺西水厂、近郊供水与小型分散供水“五大工程”，充分整合城乡供水资源，发挥其最大效益。同时实行公司化管理，集中供水一体化工程管理与运营工作，由区顺欣水务公司统一管理，建立《农村供水预案》等10多项管理制度；成立农村饮水安全品质检测中心，确保出厂水质符合《生活饮用水卫生标准》规定；各村设立用水户协会，负责管好本村结算总表后端的管网维护、用户管理等工作。

城乡医疗卫生一体化 乡村医疗有保障

2015年2月以来，顺庆区围绕城乡群众看病难、看病贵问题，抢抓医药卫生体制改革契机，创新推出“医疗卫生一体化”改革工作，先后投入资金近3亿元，在设施完善、就医支付、服务提升、机制理顺四个方面狠下功夫，全力确保乡村医疗有保障。

据了解，顺庆区进一步完善了区人民医院急救中心设施设备，组建了潆溪、芦溪、李家医疗急救站，急救中心和急救站一并纳入市 120 急救网络体系统一调度，切实解决市级急救中心出车距离远、耗时长等问题，实现城乡“急救一个号”。

对于城乡“急救一个号”带给广大农村群众重大疾病救治的好处，家住顺庆区搬罾镇庞家寨村的 76 岁老人杨生秀深有体会。2018 年 3 月下旬的一天晚上，杨生秀因冠心病突然发作，躺在床上动弹不得，痛苦异常，急得老伴六神无主。情急之下，邻居杨德贵赶紧拨打了“120”。十几分钟后，附近的潆溪医疗急救站医护人员赶到了现场，经过一番紧急诊疗后，杨生秀的病情得到控制，随即紧急转往顺庆区人民医院。“没得城乡‘急救一个号’，估计老命就没了。”当记者采访时，杨生秀一个劲儿地夸赞城乡医疗一体化的好处。

据顺庆区卫计局相关负责人介绍，顺庆区推进乡村医疗机构达标建设，投入资金 4000 余万元，改（扩）建乡镇卫生院 19 个，建成标准化村卫生室 203 个，乡村医疗机构服务水平全面提升。在医疗保险支付上，每年投入资金 29 万元为重度残疾人补缴基本医疗保险；设立专项资金 600 万元，为城乡低保对象等 5 类特殊群体代缴其个人缴费部分，实现医保全覆盖。

在医卫能力提升上，投入近 300 万元，实现贫困乡镇卫生院、社区卫生服务中心和村卫生室的中医科、中药房、中医药服务三项指标建设均达到 100%。推行家庭医生“1+1”签约服务，为 2 万贫困人口开展免费健康体检，制订个性化诊断方案 1.5 万个，减免医疗费用 50 余万元。在制度障碍扫除上，全面实行基本药物制度，实现采购、使用、零差率销售 3 个 100%；组建区妇孺医院—金台镇卫生院等“医联体”3 个，乡村卫生院首诊—县级二级医院接诊—市级三级医院转诊的城乡医疗一体发展格局全面建成。

城乡治安联防一体化 警力下沉服务群众

顺庆区坚持围绕“平安顺庆”建设目标，全力开展“治安联防一体化改革”工作，创新“1+4”工作思路，从做强基层派出所、打击整治、群防群治、矛盾排查调处、科技防范等方面发力，初步构建起城区到农村、局部到整体的治安防控工作格局，群众幸福指数和安全感得到全面提升。

为保证出警速度更快，破案效率更高，群众报案更方便，顺庆区积极推动警力下沉，进一步充实基层派出所力量，把更多警力推向乡村社区、街头巷尾，“零距离”服务群众，近距离防范打击违法犯罪行为。该区设立中城、东南、西河和舞凤“四大片区警务中心”，提高城区巡逻处警、快速反应、应急处置和侦查打击能力。整合警力，将农村18个派出所整合至9个，促进派出所全面回归基础工作职能，探索并建立了街道“民生110”、乡镇“民情茶馆”等城乡矛盾化解机制，由民警、社区干部和司法调解员共同介入化解，确保矛盾纠纷化解在萌芽状态。

“完全没想到破案速度这么快！”2018年3月15日凌晨2时许，犯罪嫌疑人张某翻窗进入某会所，将会所大厅吧台内的香烟、手机和500元现金盗走。当日20时许，民警将正在寻找赃物买家的犯罪嫌疑人张某抓获，将被盗香烟、手机等物品悉数追回。当接过民警追回的失物时，会所业主王先生一时感叹不已。

“两小时破案”“八小时擒凶”“千里追赃”……类似的案例还有很多。

充实了基层警力，村（社区）始终有民警。2017 年以来，顺庆区从老百姓关心的“小案”与积案着手，强力整治社会治安突出问题，相继开展了“百日平安会战”“春雷行动”和“夏安行动”等一系列行动，持续攻坚“扫黑除恶”专项斗争，打击“十类黑恶势力”和惩治“黄赌毒拐骗”等违法犯罪活动。在农村，针对易发的“黄赌毒”“盗抢骗”等问题开展“三打击一整治”，形成了民警、居民“共建、共治、共享”社会治理格局，在全区筑起了和谐平安网。

城乡环境整治一体化 补齐乡村环卫短板

坚持围绕农村环卫设施落后、管理缺位、污水直排等突出问题，以实施乡村振兴战略为契机，着力补齐城乡发展短板，推动公共服务均等化，在全市创新推出“环境整治一体化”改革工作。在城区、乡镇、村道路等重点区域，探索城乡环境整治一体化模式，实行一体化规划设计、一体化管理体系、一体化运营机制，到 2020 年，构建起“一根管子接到底、一把扫帚扫到底、一家公司运到底”的环境整治工作格局。

“千峰环野立，一水抱城流。”从西山山顶远眺顺庆城区，嘉陵江穿城而过，江与城相拥，城与江相融。漫步于嘉陵江顺庆段堤岸，放眼望去，水上白鹭、野鸭翩翩起舞，水中泳者自由畅游。

在治理前，这里却是另外一派情景：江边采砂机器轰鸣，运输车辆穿梭，掀起滚滚尘土。企业污水直排和非法采砂成为嘉陵江顺庆段的两大“顽疾”。

筑体系、严执法。2017 年以来，顺庆区完善“河长制”相关工作及考核监督机制，通过建立全区河库管理信息系统平台，实现基础数据、涉河工程、水域岸线管理、水质监测等信息化、系统化。将日常巡查、问题督办、情况通报、责任落实等纳入信息化、一体化管理，提高工作效能，接受社会监督。同时，该区各相关部门联合出重拳，通过查处超标排污企业、定期监测水质、严禁沿河堆放废弃土渣、拉网式“体检”流域内的企业等方式，使嘉陵江顺庆段面貌焕然一新。

“目前，顺庆区共建有5个水环境监测站和3个空气监测站，还计划新建2个乡镇水环境监测站。届时，监测范围将实现全区全覆盖。”顺庆区环保局局长吉磊说。

据介绍，顺庆区树立“城乡一盘棋”意识，让环卫基础设施向乡镇延伸，做到与城市同步规划、同步建设、同步实施。制订《顺庆区城乡垃圾（污水）处理设施建设三年推进方案》，采用公私合伙或合营（PPP）模式，计划投资4.6亿元，基本建成城乡一体、覆盖全域的环境整治设施体系。

该区建立“政府主导、行业监管、属地负责、村民参与、企业运作”的环境整治体系，采取“投融资＋设计＋建设＋运营”的城乡污水一体化治理模式，统筹推进。建立“一把扫帚扫到底、一家公司运到底”运行机制，坚持市场化运作，将乡镇、村组的保洁及垃圾转运任务整体打包由专业公司负责，建立“统一清扫、统一收集、统一清运、集中处理”的垃圾处理新模式，实现“垃圾运输全封闭、日产日清不落地”目标。

（来源：《南充日报》2018年10月11日）

六、加强党的领导

中国特色社会主义最本质的特征是中国共产党的领导。党的领导是我们最大的政治优势。实现乡村振兴，关键在党。不断加强和改善党对农村工作的领导，是我们党治国理政的光荣传统和基本经验。构建城乡融合发展的体制机制同样要依靠党对农村工作的领导。应当说，我们党自开创农村革命根据地以来，从未放弃过对农村工作的领导，实施乡村振兴战略，是在“三农”领域“重整行装再出发”的新长征，首要的是把习近平新时代中国特色社会主义思想尤其是“三农”思想学懂弄通做实，这样才能做到乡村振兴扎实有序，蹄疾步稳。

加强和改善党对“三农”工作的领导，确保党中央乡村振兴的决策部署落到实处。健全党委统一领导、政府负责、党委农村工作部门统筹协调的农村工作领导体制，建立实施乡村振兴战略领导责任制，党政一把手是第一责任人，五级书记抓乡村振兴。加强各级党委农村工作部门建设，充分发挥决策参谋、统筹协调、政策指导、推动落实、督导检查等职能。理顺涉农部门基本职能，妥善解决跨部门事权划分不清晰或重复交叉等问题，形成乡村振兴工作合力。注重提拔使用想干、敢干、能干、苦干、实干的干部，建设一支服务“三农”有感情、开拓创新有激情、开展工作有热情、献身事业有痴情，懂农业、爱农村、爱农民的“三农”工作队伍。广泛动员和组织全社会力量关心、支持和参与乡村振兴，建立考核督查机制，确保各地区各部门对乡村振兴战略真正从思想认识、组织领导、要素配置、资金投入、工作措施上重视起来，优先考虑、优先满足、优先保障、优先安排。[①]

习近平总书记2016年在安徽省小岗村农村改革座谈会上强调，党管农村工作是我们的传统，这个传统不能丢。2017年中央农村工作会议上他再次强调，要建立实施乡村振兴战略领导责任制，党政一把手是第一责任人，五级书记抓乡村振兴。因此，要把五级书记抓乡村振兴的要求落实到位。实施乡村振兴战略是一项系统工程，不是仅凭哪一个或哪几个部门就能干得了的。把乡村振兴摆上优先位置，必须坚持党管农村，充分发挥党的领导的政治优势，党政主要负责同志尤其是县委书记要作为第一责任人，把乡村振兴变成一把手工程。

专家观点

重视财政在乡村振兴中的基础性制度保障作用

农业农村农民问题是关系国计民生的根本性问题。没有农业农村的现代化，就没有国家的现代化。实施乡村振兴战略，是党的十九大作出的重大决策部署，是决胜全面建成小康社会、全面建设社会主义现代化国家的重大历史任务，是新时代“三农”工作的总抓手。

当前，我国发展不平衡不充分问题在乡村最为突出，主要表现在：农产品阶段性供过于求和供给不足并存，农业供给质量亟待提高；农民适应生产力发展和市场竞争的能力不足，新型职业农民队伍建设亟须加强；农村基础设施和民生领域欠账较多，农

① 参见陈豪：《走中国特色社会主义乡村振兴道路 谱写云南新篇章》，《人民日报》2018年4月11日。

村环境和生态问题比较突出，乡村发展整体水平亟待提升；国家支农体系相对薄弱，农村金融改革任务繁重，城乡之间要素合理流动机制亟待健全；农村基层党建存在薄弱环节，乡村治理体系和治理能力亟待强化。对此，需凝聚各方力量、运用多种手段、构建系统机制，解决好乡村发展不平衡不充分问题。其中，财政的作用至关重要。进一步创新财政体制机制，更好推动乡村发展，是实施乡村振兴战略的题中应有之义。财政是国家治理的基础和重要支柱，进一步创新财政体制机制，推动乡村发展，是更好实施乡村振兴战略的重要一环。要重视财政在乡村振兴中的基础性制度保障作用。

——中国社会科学院农村发展研究所党委书记、研究员 闫坤

延伸阅读

1.《中共中央关于坚持和完善中国特色社会主义制度、推进国家治理体系和治理能力现代化若干重大问题的决定》，人民出版社 2019 年版。

2. 杨志恒、吴先华、于兰军:《城乡融合视野下的城镇化发展研究》，经济科学出版社 2019 年版 。

3. 白雪秋、聂志红、黄俊立等:《乡村振兴与中国特色城乡融合发展》，国家行政学院出版社 2018 年版。

4. 陈建明:《特色小镇全程操盘及案例解析》，新华出版社 2018 年版。

深度思考

1. 如何理解以“产业”为灵魂的特色小镇是解决大中城市发展差距过大、稳步推进城镇化建设的重要途径和有效引擎？

2. 如何理解城市和农村分割造成的问题？通过何种途径协调城乡关系、缩小城乡差距？

3. 促进土地资源优化配置，实现城乡融合，应从哪些方面入手？

第四章

深度融合，转变城乡融合的方式

党的十九大明确提出了乡村振兴战略，要求按照产业兴旺、生态宜居、乡风文明、治理有效、生活富裕的总要求，建立健全城乡融合发展体制机制和政策体系，加快推进农业农村现代化。《中共中央 国务院关于建立健全城乡融合发展体制机制和政策体系的意见》也明确要求：加快形成工农互促，城乡互补，全面融合。把城乡融合发展放到整个现代化建设的大格局中，在推进全面建成小康社会进程中，重塑中国乡村与城市的发展方向，表明中国城乡关系发生了历史性变革，城乡发展进入了新的发展阶段。城乡融合不仅体现为城乡经济的融合，也体现为城乡空间、城乡基础设施、城乡公共服务、城乡生态环境的融合。

城乡经济融合是城乡融合的核心，其目标就是突破城乡二元结构的束缚，形成各有侧重、有机组合的区域经济体。其中，城乡产业融合是城乡经济融合的关键。产业融合，是指通过城市和乡村产业的协调，形成一个优势互补、分工合理、发展协调的产业布局体系。城乡基础设施建设融合，是指把城市和农村作为一个有机整体，不断加大农村基础设施投入，在交通运输、邮电通信、供电供水等生产性设施和科技教育、卫生文化、金融保险等公共生活服务设施等方面实现一体化。城乡公共服务均等化是城乡融合的关键。针对农民养老就业保险等历史和现实难题，加大投入，积极推进城乡教育、医疗、社会保障一体化。此外，城乡生态环境还需要融合，使城市生态环境乡村化，乡村环境城市化。本章主要从城乡要素融合、产业融合、市场融合、人与自然融合等四个主要方面来阐明如何转变融合的方式以及应该采取什么样的措施。

一、城乡要素融合

《中共中央 国务院关于建立健全城乡融合发展体制机制和政策体系的意见》明确要求“建立健全有利于城乡要素合理配置的体制机制”，并指出：“坚决破除妨碍城乡要素自由流动和平等交换的体制机制壁垒，促进各类要素更多向乡村流动，在乡村形成人才、土地、资金、产业、信息汇聚的良性循环，为乡村振兴注入新动能。”

城乡融合，绝不只是在图纸上将城与乡圈在一起，其关键在于如何实现要素的双向流动。当那些曾经让城市繁荣起来的要素能以比较低廉的成本顺利进入农村发展进程时，乡村振兴就不会是一件难事。城乡融合发展是加快推进农业农村现代化的根本保障。深化劳动力、土地、资本三类要素市场改革，是实现我国城乡融合发展的关键所在。城乡融合，是指城乡自然要素、经济要素、空间要素和人员要素的优化组合，是城乡两种空间、业态、生态系统的相互渗透、密切联系、功能互补、利益共享的生命共同体。在这个共同体内，有经济要素的畅流、利益分配格局的缩减、生态空间的优化、精神文明的交融，达到共建、共生、共荣、共有、共享、可持续发展的一体化，即“四化同步”、工农互促、城乡共荣、一体化发展。这些综合性、统领性标准，可具体化为操作性强、较易观察的标准，可具体概括为城市居民到乡间安居人数的多少与时间的长短。城乡形态融合也就是城乡空间融合，是在保存城市和乡村两种地域形态的前提下，城市与乡村吸收对方的优点并相互渗透，城市要有美景与生态，乡村要做到基础设施健全与生活便利。

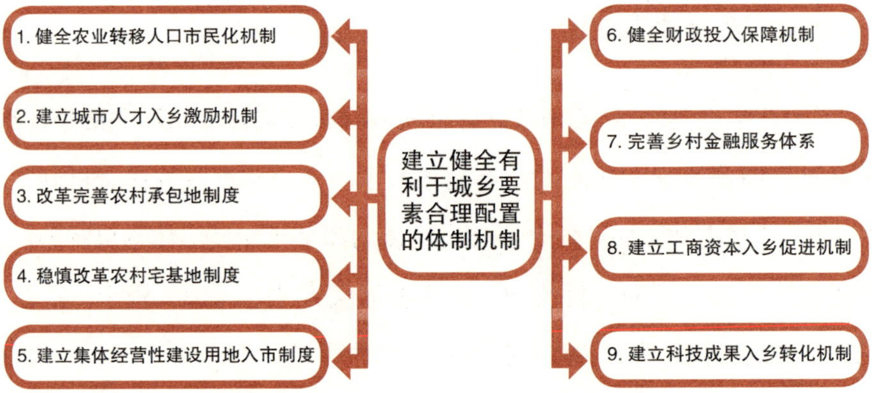

建立健全有利于城乡要素合理配置的体制机制

《中共中央 国务院关于建立健全城乡融合发展体制机制和政策体系的意见》明确指出，到 2022 年，城乡融合发展体制机制要初步建立，这包括城乡要素自由流动的制度性通道要基本打通，城乡统一的建设用地市场要基本建成，农村产权保护交易制度框架要基本形成，经济发达地区、都市圈和城市郊区在体制机制改革上要率先取得突破。这为解决好“人、地、钱”的流动问题，明确了要求，提供了方向。生产要素尤其是农村劳动力的自由流动仍是当前改善农村政策的重点工程，城市对外地人尤其是农民工平等开放仍是国家现代化的基础性工作。城乡融合的显著标准是城市居民自愿向农村流动，居住休憩，但城乡居民的主要工作地仍在城市，就业选择仍在城市，毕竟业态环境首先是各种资源的集约化，绝非农业社会自然经济的零散性、自足性经营。当前，城乡之间要素合理流动机制还存在缺陷。必须围绕强化要素供给，抓住关键环节，坚决破除一切不合时宜的体制机制障碍，推动城乡要素有序自由流动、平等交换，积极引导城市人才、资本、技术下乡，激活乡村一池春水，汇聚乡村建设强大合力。

典型案例

农民进城仍是大趋势

2019 年 32 岁的曹小军从甘肃老家来到北京已经 11 年了。2013 年 4 月，他加入京东物流，成为一名普通的快递员。“每天平均送货 150 至 200 件，从早到晚来来回回地跑。”曹小军说，目前，他的配送时长已达 1900 多天，配送总单量超过 28 万件，他所在的片区快递员也从十几人变成了 100 多人，其中有不少快递小哥都来自偏远地区的乡村，在“北漂”的过程中逐渐习惯了大城市里的生活。

“我现在每个月能赚到 1 万多块钱。”曹小军告诉记者，这些年来，他和妻子在北京打拼，为留守在老家的父母和儿子撑起了一片天。2018 年，他还用攒下的工资和十几万元的公积金在老家购买了一套新房子。

时间过得很快，2019 年曹小军的儿子已经 9 岁了。每次提起儿子，曹小军总会感到有些愧疚，因为在他看来，平日里工作比较忙，陪伴家人的时间实在是太少了。

如今，很多人选择从乡村来到大城市发展。正如国家发改委发展规划司司长陈亚军所说，我国还处在城镇化较快发展阶段的中后期，农民进城还是大趋势，这是经济社会发展的客观规律。

陈亚军介绍，党的十八大以来，我国农业转移人口进城落户的门槛不断降低，通道逐步拓宽，已有9000多万农业转移人口成为城镇居民。2018年户籍人口和常住人口城镇化率分别提高到43.37%、59.58%。城市人才入乡机制也在逐步建立，城乡人才双向流动的渠道打通，激发了乡村发展活力。

国务院发展研究中心研究员张立群认为，在我国经济持续较快发展，特别是工业化、城镇化持续快速推进的背景下，我国已经进入城乡融合发展的新阶段。

在城乡融合发展释放出新动能的同时，我国也在持续打通区域协调发展“经络”，各大区域板块实现良性互动。2019年以来，从京津冀协同发展座谈会召开到《粤港澳大湾区发展规划纲要》印发，区域协调发展的空间进一步释放、拓展和深化，中国经济跳动的脉搏更加强劲、有力。

国家发展改革委副主任宁吉喆指出，2019年以来，东部地区持续转型升级，中西部地区经济较快增长，东北地区经济企稳回暖，四大板块良性互动，重大区域发展战略有力实施。我国区域协调发展深入推进，空间格局渐次优化。

然而，陈亚军也提醒，我国城乡融合发展体制机制还不健全，存在一些明显的制度短板，城乡要素流动仍存在障碍，城乡公共资源配置仍不合理，现代农业产业体系尚不健全，农民增收长效机制有待完善。解决发展的不平衡不充分问题，在很大程度上要依靠城乡融合发展和乡村振兴。

城乡区域间发展的不平衡，是短板，也是中国强大国内市场的潜力所在。

在陈亚军看来，各个地方的发展水平不一样，城乡融合发展的阶段不一样，乡村发展的差异性很大，不能搞成全国“一刀切”。要分类施策、梯次推进，试点先行、久久为功，努力形成符合实际、各具特色的改革路径和城乡融合发展模式。

（来源：刘坤：《“城市进得了，乡村回得去”——我国城乡融合发展进入新阶段》，《光明日报》2019 年 5 月 30 日）

实现城乡融合发展关键在于深化要素市场改革。城乡融合发展主要依靠乡村自身的积累，这无疑需要推动资源要素的强力反哺，但完全依赖外部资源要素的投入既不现实也不可能，因为资源要素的单向投入固然能在短时期内较快弥补发展短板、取得示范成效，但如果不能有效盘活乡村各种资源要素，则难以推动城乡深度融合、共同繁荣，之前的成效也终将产生效应衰减并难以持续。[①] 因此，必须积极引入创新资源，全面深化农村改革。

要大力促进城乡要素双向流动。探索建立城乡统一的建设用地市场，推进水、电、气等资源性产品价格和市场改革，创新完善公共资源交易管理体制，拓展城乡建设投融资渠道，引导和支持金融机构向市（县、

① 参见陈明星：《积极探索城乡融合发展长效机制》，《区域经济评论》2018 年第 3 期。

区）和乡镇延伸，积极发展农业保险，探索有利于引导民间借贷规范发展的方式方法，加强对民间借贷的监控和风险预警处置。

专家观点

农村的生产要素仍需市场化

目前，城市的生产要素基本上都已市场化了，但农村的生产要素仍处于半市场化或非市场化状态。按照市场规律，商品总是朝着价格高的地方流动，因此，农村的劳动力、土地、资本等要素源源不断地从农村流向城市，而城市的资本、技术和劳动力却流不进农村。农村 2.8 亿精壮劳动力进入城市，在建筑业等劳动密集型行业，农民工已经占 80% 以上，成为工人队伍的主体。农村的土地以较低的价格被政府征收，经过“招拍挂”，再以几十倍甚至上百倍的价格出售，变为城市建设用地。农村的各类金融机构像一台台抽水机，把农村那点小得可怜的积累大部集中起来，再输送到城市、沿海地区、国有企业和重大项目上。粗略估算，40 多年来，农村流向城市的要素总价值累计在几十万亿元以上。正是这些从农村输入的巨量生产要素，造就了城市的发展和繁荣，也导致了今天的城乡发展差距。

——中国国际经济交流中心常务副理事长 郑新立

二、城乡产业融合

农业是国民经济的基础，农村经济是现代化经济体系的重要组成部分。乡村振兴，产业兴旺是重点。《乡村振兴战略规划（2018—2022年）》明确要求："实施乡村振兴战略，深化农业供给侧结构性改革，构建现代农业产业体系、生产体系、经营体系，实现农村一二三产业深度融合发展，有利于推动农业从增产导向转向提质导向，增强我国农业创新力和竞争力，为建设现代化经济体系奠定坚实基础。"在如何建立新产业新业态培育机制上，《中共中央 国务院关于建立健全城乡融合发展体制机制和政策体系的意见》明确指出："构建农村一二三产业融合发展体系，依托'互联网+'和'双创'推动农业生产经营模式转变，健全乡村旅游、休闲农业、民宿经济、农耕文化体验、健康养老等新业态培育机制，探索农产品个性化定制服务、会展农业和农业众筹等新模式，完善农村电子商务支持政策，实现城乡生产与消费多层次对接。适应居民消费升级趋势，制定便利市场准入、加强事中事后监管政策，制定相关标准，引导乡村新产业改善服务环境、提升品质。在年度新增建设用地计划指标中安排一定比例支持乡村新产业新业态发展，探索实行混合用地等方式。严格农业设施用地管理，满足合理需求。"这为推动形成城乡产业发展新格局指明了方向。

（一）推动一二三产业融合发展

推进城乡融合发展，要加强对农村一二三产业融合发展的政策支持，把培育城乡有机结合、融合互动的产业体系放在突出地位。推进农村一二三产业融合发展，有利于发挥城市企业、城市产业对农村企业、农村产业发展的引领带动作用。要结合加强城市群发展规划，创新财税、金融、产业、区域等支持政策，引导农村产业融合优化空间布局，强化区城分工协作、发挥城市群和区城中心城市对农村产业融合的引领带动作用。要创新农村产业融合支持政策，引导农村产业融合发展统筹处理服务市民与富裕农民、服务城市与繁荣农村、增强农村发展活力与增加农民收入、推进新型城镇化与建设美丽乡村的关系。鼓励科技人员向科技经纪人和富有创新能力的农村产业融合企业家转型。[①] 注意发挥企业在统筹城乡发展、推进城乡产业融合中的骨干作用，努力营造产业融合发展带动城乡融合发展新格局。鼓励商会、行业协会和产业联盟在推进产业融合发展中增强引领带动能力。

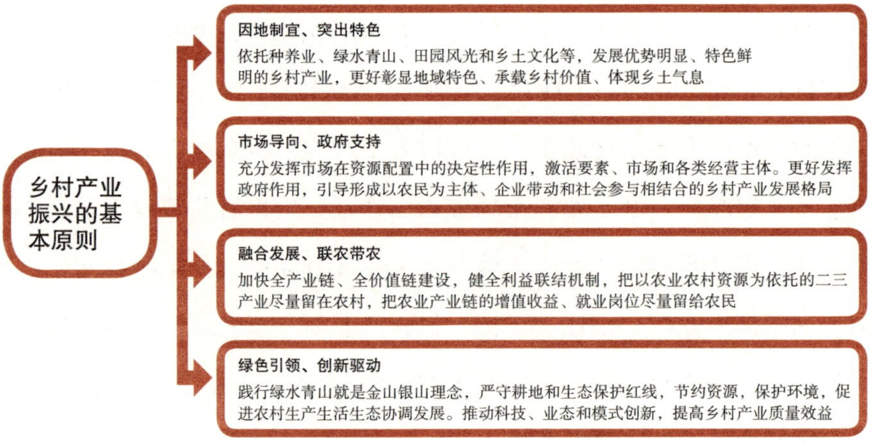

乡村产业振兴的基本原则

---

① 参见姜长云：《科学理解推进乡村振兴的重大战略导向》，《管理世界》2018 年第 4 期。

知识链接

乡村产业振兴的目标任务

2019 年 6 月，国务院发布的《关于促进乡村产业振兴的指导意见》明确提出乡村振兴的目标任务："力争用 5—10 年时间，农村一二三产业融合发展增加值占县域生产总值的比重实现较大幅度提高，乡村产业振兴取得重要进展。乡村产业体系健全完备，农业供给侧结构性改革成效明显，绿色发展模式更加成熟，乡村就业结构更加优化，农民增收渠道持续拓宽，产业扶贫作用进一步凸显。"

（二）支持龙头企业发挥引领示范作用

支持龙头企业通过品牌嫁接、资本运作、产业延伸等方式，打破产业界限，实现发展壮大和转型升级，开展跨区域、二三产业间的融合与合作，在产业融合中发挥主导性作用。引导龙头企业重点发展农产品加工流通、电子商务和农业社会化服务，建设现代物流体系，健全农产品营销网络，完善与农户的利益联结关系，让农户分享加工、销售环节收益。支持龙头企业与专业大户、家庭农场、合作社有效对接，形成从田间地头到餐桌的全过程产业链，推进各类经营主体深度融合。发展多类型农村产业融合方式。引导和鼓励新型经营主体开展"互联网 + 现代农业""旅游 + 现代农业""产业 + 现代农业"等多种新型业态和商业模式，依托生态资源优势，以促进农民就业增收和满足居民消费为核心，以生态为主线，以山水为脉络，以田园为依托，推进农业与旅游、教育、文化、健康养老等产业深度融合。[①] 按照产业链完整、利益联结机制紧密的标准，开展农村一二三产业融合发展试点示范工作，形成可复制、可推广的农村产业融合发展的经验。

（三）科学合理布局，统筹城乡产业空间结构

《国务院关于促进乡村产业振兴的指导意见》明确要求强化县域统筹："在县域内统筹考虑城乡产业发展，合理规划乡村产业布局，形成县城、中心镇（乡）、中心村层级分工明显、功能有机衔接的格局。推进城镇基础设施和基本公共服务向乡村延伸，实现城乡基础设施互联互通、公共服务普惠共享。完善县城综合服务功能，搭建技术研发、人才培训和产品营销等平台。"

产业兴旺是乡村振兴的重要基础，是解决农村一切问题的前提。乡村产业根植于县域，以农业农村资源为依托，以农民为主体，以农村一二三产业融合发展为路径，地域特色鲜明、创新创业活跃、业态类型丰富、利益联结紧密，是提升农业发展、繁荣农村、富裕农民的产业。比如，无锡市在加快建设国家动画产业基地、国家动漫游戏振兴基地、江苏国家数字出版基地（无锡园区）等做了很多功课，取得了显著成效。无锡市重点发展动漫游戏、影视传媒、创意设计、会展广告、文化旅游等领域，大力推进一批文化产业重大项目、特色文化产业园区、国家文化产业示范基地建设，全面提升文化产业发展水平。扶持一批高成长性文化创意企业做强做大，提升文化产业规模化、集约化、专业化水平，

---

① 参见郁彩虹：《实施乡村振兴战略促进城乡融合的实践探索——以无锡市为例》，《农家参谋》2018 年第 8 期。

把无锡建设成为区域性文化中心城市。优化文化产业结构，依托“一城一岛一带”建设，重点打造太湖新城、马山旅游度假岛、古运河风光带以及惠山古镇、清名桥、荣巷、小娄巷等街区，集中体现山水文化、佛教文化、运河文明、工商文明。均衡合理配置城镇公共服务资源，构建覆盖城乡常住人口的公共服务体系。完善社保就业服务体系，建成以镇为节点的“15 分钟就业社保服务圈”，形成覆盖镇、村的“15 分钟健康服务圈”，建成覆盖镇、村、社区的“15 分钟体育健身圈”，打造镇“15 分钟文化圈”和农村“十里文化圈”，构建城市社区“15 分钟管理服务圈”、农村社区“2 公里管理服务圈”。

典型案例

大渡口：乡村旅游做优做精 乡村振兴行稳致远

近年来，重庆市大渡口区以农村区域较为集中的跳磴镇区域为着力点和突破口，依靠其“半壁江山、半壁城”的地貌优势，结合特色产业发展，深度挖掘历史文化，打造休闲农业和乡村旅游精品工程，全力建设大都市乡村振兴示范区和城乡融合发展示范区，贯彻落实乡村振兴战略，成效初显。

串联城市与乡村，实施融合发展

49.48 平方公里，2.6 万人，大渡口区农村区域较为集中在跳磴镇。如何实施乡村振兴战略，才能取得实效？怎样科学规划，才能让村民有更多获得感、幸福感、安全感？这成为摆在大渡口区委、区政府面前的一个课题。

“跳磴镇距区政府仅10公里，我们遵循乡村发展规律和村民意愿，决定盘活农村资源，激活乡村内生动力，大力发展乡村旅游，进而推动城乡融合，构建全域旅游格局。”大渡口区农业农村委相关负责人表示，为让乡村振兴之路行稳致远，在重庆市委、市政府的指导下，大渡口区推动城乡融合发展，着力建设旅游三大环线。跳磴镇依托“两山一带一片区”的全域旅游发展格局，以滨江路为主轴，形成相对完整独立又联系紧密的长江、跳磴河的生态旅游带；整合旅游资源，打造小南海温泉—南海地球村—九久生态园、金鳌寺—石盘水果公园—长江滨江带、大渡口森林公园—西石路生态长廊—石林寺3条旅游线路；将前3条旅游路线与滨江路上的义渡古镇、重庆工业博物馆连为一体，建设成为主城近郊主题旅游区、生态休闲度假中心。

将城区、乡村各个旅游项目串联在一起，打造都市乡村休闲游，成为大渡口区实施乡村振兴战略的一大方向。

目前，大渡口区正重点研究跳磴镇区域布局，计划以“市级全域旅游示范镇”创建为契机，充分利用中梁山、金鳌山、伏牛溪湿地等自然资源，深度挖掘金鳌寺、石林寺等的文化底蕴，整合小南海温泉、南海地球村等旅游资源，发挥蔬菜、柑橘、花椒三大特色产业优势，分类推进，统筹实施，推进一二三产业融合发展，建成重庆市大都市乡村振兴示范区和城乡融合发展示范区。

产业项目精品化，乡村旅游多路线

在跳磴镇南部偏东，一个以小南海村历史文化、南海风情、农家生活情趣为特色，集吃、住、娱、赏、运动于一体的综合性景区——南海地球村正受到越来越多市民的关注。

2019年7月26日至27日，家住重庆市江北区的陈先生就带着一家老小专门过来住了一晚。“这里离家不远，住宿和吃饭方便，老人可以休闲垂钓，小孩有滑草场、滑索、高攀岩这些体育活动，一家人都有耍事，适合度假。”陈先生笑道，“小孩特别喜欢这里的体育设施，这是我们第二次来了。”

不只是南海地球村，以采摘果蔬为主的康然山庄，以临江餐饮为特色的盘果山庄，以天然温泉为主打的小南海温泉，以林下生态养殖为卖点的山道拐生态园……靠项目带动，充分发挥各村庄的地理优势、文化优势和人才优势，大渡口区正在跳磴镇区域建设一批有地方特色、有竞争力的产业项目，着力打造休闲农业和乡村旅游精品工程。

紧扣“千年巴渝，多彩乡村”主题，特色产业支撑型、休闲体验观光型、文旅融合型等乡村旅游项目相继问世，大渡口区多品种、小规模、精品化的乡村旅游发展新格局逐步成型。

2019年，大渡口区重点打造金鳌山片区，规划实施云顶金鳌、金鳌人家、金鳌康养城等项目，计划打造本市祈福、修禅、求学、休闲胜地。

预计到2020年，大渡口区将建设1个特色旅游镇、5个特色旅游村，培育8家规模经营主体，打造2个乡村休闲体验基地，推出乡村旅游精品线路2条；提升改造市级以上森林公园1个；乡村旅游年接待游客80万人次，综合收入达到1.2亿元。

（来源：《重庆日报》2019年7月26日）

三、城乡市场融合

城乡融合发展需要处理好政府与市场的关系。在城乡融合发展过程中，处理好政府与市场的关系、体制机制与政策体系的关系尤为重要。建立城乡融合的体制机制，就是将发挥市场在资源配置中的决定性作用和更好地发挥政府的作用有机结合。城乡融合发展需要发挥市场在城乡资源配置中的决定性作用。

城乡融合的实质就是把城乡关系定位为市场关系，让城乡生产要素的双向流动取决于市场。一旦城乡生产要素都能按照市场信号在城乡之间自由流动和重新组合，城乡差距才有可能逐步缩小。当前全面深化体制改革的重点与难点集中在生产要素市场化改革，尤其是户籍制度和土地制度的改革。土地制度改革的关键是如何解决农村土地集体所有制与市场经济相衔接的问题。党的十八届三中全会创造性地提出了农村集体土地所有权、承包权、经营权“三权分置”的改革思路，赋予农户对土地享有承包权，允许农户对承包地经营权出租、转让、抵押、担保，以获得财产性收入，并允许集体经营性建设用地与国有土地同权同价，使得农村土地与资本、劳动力一样，成为可以流动的商品。城乡分割的户籍制度是城乡二元体制的基石，其改革的核心是解决农业转移人口市民化的问题。农民工市民化涉及户籍、土地、就业、住房、教育、医疗、社会保障等一系列改革难题。要维护进城落户农民土地承包权、宅基地使用权、集体收益分配权，支持引导其依法自愿有偿转让上述权利。提升城市包容性，推动农民工特别是新生代农民工融入城市。

此外，要强化家庭农场和农民专业合作社基础作用。积极引导家庭农场发展适度规模经营，鼓励专业合作社发展农产品加工、销售，拓展合作领域和服务内容。支持专业合作社增强农产品市场竞争力，直接进入城市社区、超市、农贸市场，并在城市建立直销店、连锁店等新型流通业态。

知识链接

什么是“三权分置”

“三权分置”，是指形成所有权、承包权、经营权三权分置、经营权流转的格局。在“三权分置”下，所有权、承包权和经营权既存在整体效用，又有各自功能。从当前实际出发，实施“三权分置”的重点是放活经营权，核心要义就是明晰赋予经营权应有的法律地位和权能。2014 年 12 月，新一轮农村土地制度改革试点春潮就已涌动。中央全面深化改革领导小组第七次会议让这个春潮更加激荡，会议审议了《关于农村土地征收、集体经营性建设用地入市、宅基地制度改革试点工作的意见》，被广泛解读为农村土地改革“三箭齐发”，标志着新一轮土地制度改革大幕正在开启。新一轮农村土地制度改革，试点遇到的首要问题就是耕地保护。对此，中央党校“三农”问题专家曾业松教授表示，严守 18 亿亩耕地红线是推进农村土地制度改革的底线，是试点的大前提，决不能逾越。

四、人与自然融合

就业在城市、居住在城市、休憩在乡村的生活方式可能在较长时间内存在。因此，城镇化进程是吸引村民就地就业的一种方式，但更多的村民还会在资源与机会更为集中的城市就业。因此，对流入城市的农村人口的政策性保护是城市的义务，也是对国家法定权利实现与维护的要求，切不可驱民于农。藏富于农的政策有利于破除就业歧视、地域歧视，引导、创造条件让农民自愿回乡、自愿为农。要坚持绿色生态建设的发展导向。习近平总书记指出，推进农业绿色发展是农业发展观的一场深刻革命。绿水青山就是金山银山；良好生态环境是农村最大优势和宝贵财富，要让良好生态成为乡村振兴的支撑点；农业发展不仅要杜绝生态环境欠新账，而且要逐步还旧账。要建立有效激励机制，把有志于农业农村发展的各类人才“引回来”，让城里想为振兴乡村出钱出力的人在农村有为有位、成就事业，让那些想为家乡作贡献的各界人士能够找到参与乡村建设的渠道和平台，在振兴乡村中大展身手。

面对农民的穷困、农村的落后，城市需要有“感恩农民、反哺农村”的道义意识，农民、农村、农业享受国家现代化成果，以工补农、城市反哺农村应是必要的现代化补偿之举。这除了基本公共服务均等化建设，如公路、供水、供气、环保、电网、物流、信息、广播电视等基础设施建设外，要特别注重社会保障、教育、卫生发展不均衡问题，以覆盖全民、全民参保、重点照顾的方式，实行兜底线、织密网的社会保障与救助体系，特别是孤寡老人、留守妇儿的关爱服务体系；以提高教师素质、教学水平为重点，全面提升农村学校的教学质量，以儿童就近入学、优质教学为着眼点留住有创造力、有话语力的村民；缩小城乡医疗卫生差距，建设有病可医、有病能医的卫生体系。社会保障是保证农村弱势群体的生活条件；教育、医疗的稳步改善是吸引、稳定及扩大农村劳动力与优质人口的重要资源。①

为了让农村有吸引力，引得来人、留得住人，需要展现城乡山水魅力，将山水文化和生态文明理念贯穿城乡整体设计。比如，无锡市实施历史街区和历史古村落保护性修复工程，加强鸿山、阖闾大遗址和沿大运河工业遗产带的保护建设，放大无锡大剧院等一批现代化标志性建筑影响力，充分运用市花、市树、城标等城市品牌符号，加快太湖新城、马山国际旅游岛、古运河风光带、“一城一岛一带”建设，提升城市休闲功能，打造具有国际影响力的山水城市。深入开展国际人文交流，提升城乡居民的国际化素养，突出国际化旅游品牌和旅游基础设施建设，提升城市国际化水平。②“回乡市民”的自愿程度是判断人与自然、城乡融合度的主要标尺。党的十九大以来，四川省北川羌族自治县紧紧抓住历史机遇，利用“四乡工程”推进乡村振兴。北川在全县范围内实行“干部包乡、能人回乡、市民下乡、企业兴乡”的“四乡工程”，引导人才、资本、技术等要素向农业农村流动，不仅吸引了人、财、物等各种资源向乡村回流，还有效盘活了农村各种生产要素，实现了农村产业“强”、乡村环境“美”、乡风文明“淳”、农民增收“富”。北川县委、县政府组织全县 6900 多名党员干部进村入户结对帮扶的同时，还实行每名副

① 参见曹英：《关于新时代城乡融合的几点思考》，《国家治理》2018 年第 22 期。
② 参见郁彩虹：《实施乡村振兴战略促进城乡融合的实践探索——以无锡市为例》，《农家参谋》2018 年第 8 期。

县级领导定点分片包乡，积极鼓励本地能人、返乡人员、外地企业家到乡村创业，大力支持引导市民到农村租用空闲农房发展产业，出台《促进现代农业发展奖补办法》等，激励广大干部与群众一道，唤醒农村沉睡资源，变“荒”为“宝”，探索走出了“土地入股有租金”“劳力入社有薪金”“房屋入社有红金”“集体分红有股金”和“土地入股地生钱”“劳力入社力生钱”“资金入股钱生钱”“房屋入股房生钱”的“四金四钱”新路子，截至2018年1月先后吸引了20家市级以上龙头企业、109家民营企业、145个社会组织、426个专业合作社进入乡村、扎根农村、发展农业、带富农民，全县形成了种、养、旅多种产业和短期、中期、长期增收相结合的特色产业，有效带动15000多名贫困群众实现增收。

延伸阅读

1. 潘晓成:《论城乡关系：从分离到融合的历史与现实》，人民日报出版社2019年版。

2. 郑秀峰、郝鹏、王春晖:《产业集聚区发展探索：基于河南实践》，社会科学文献出版社2017年版。

3. 郑文升:《大城市边缘区域的产业与城乡空间优化研究》，科学出版社2016年版。

4. 朱善利等:《中国城乡一体化之路——生产三要素市场统一构建与城乡经济社会一体化战略实施》，北京大学出版社2013年版。

深度思考

1. 实施城乡融合、乡村振兴战略，对提升首都核心区疏解整治工作有何重要意义？

2. 在中国经济发展进入新常态这一背景下，中国城乡关系如何实现一体化？如何形成融合？

3. 马克思、恩格斯关于城乡关系的理论是什么？

第五章

一体规划，统筹城乡发展的空间

构建乡村振兴新格局，要坚持乡村振兴和新型城镇化双轮驱动，统筹城乡国土空间开发格局，优化乡村生产生活生态空间，分类推进乡村振兴，打造各具特色的现代版“富春山居图”。《中共中央 国务院关于建立健全城乡融合发展体制机制和政策体系的意见》对“健全城乡统筹规划制度”作出了明确要求：“科学编制市县发展规划，强化城乡一体设计，统筹安排市县农田保护、生态涵养、城镇建设、村落分布等空间布局，统筹推进产业发展和基础设施、公共服务等建设，更好发挥规划对市县发展的指导约束作用。按照‘多规合一’要求编制市县空间规划，实现土地利用规划、城乡规划等有机融合，确保‘三区三线’在市县层面精准落地。加快培育乡村规划设计、项目建设运营等方面人才。综合考虑村庄演变规律、集聚特点和现状分布，鼓励有条件的地区因地制宜编制村庄规划。”

科学编制国土规划对实现国土空间治理体系和治理能力现代化具有重要作用，《全国国土规划纲要（2016—2030年）》是中国首个全国性国土开发与保护规划。党的十九大提出“着力构建市场机制有效、微观主体有活力、宏观调控有度的经济体制”，要求“创新和完善宏观调控，发挥国家发展规划的战略导向作用”。《乡村振兴战略规划（2018—2022年）》坚持乡村振兴和新型城镇化双轮驱动，从城乡融合发展和优化乡村内部生产生活生态空间两个方面，明确了国家经济社会发展过程中乡村的新定位，提出了重塑城乡关系、促进农村全面进步的新路径和新要求。一是统筹城乡发展空间，加快形成城乡融合发展的空间格局。二是优化乡村发展布局，坚持人口资源环境相均衡、经济社会生态效益相统一，延续人与自然有机融合的乡村空间关系。三是完善城乡融合发展政策体系，推动城乡要素自由流动、平等交换，为乡村振兴注入新动能。四是把打好精准脱贫攻坚战作为优先任务，把提高脱贫质量放在首位，推动脱贫攻坚与乡村振兴有机结合、相互促进。

一、强化空间用途管制

《乡村振兴战略规划（2018—2022年）》对“强化空间用途管制”作出明确要求：“强化国土空间规划对各专项规划的指导约束作用，统筹自然资源开发利用、保护和修复，按照不同主体功能定位和陆海统筹原则，开展资源环境承载能力和国土空间开发适宜性评价，科学划定生态、农业、城镇等空间和生态保护红线、永久基本农田、城镇开发边界及海洋生物资源保护线、围填海控制线等主要控制线，推动主体功能区战略格局在市县层面精准落地，健全不同主体功能区差异化协同发展长效机制，实现山水林田湖草整体保护、系统修复、综合治理。”

科学编制国土规划对实现国土空间治理体系和治理能力现代化具有重要作用，《全国国土规划纲要（2016—2030年）》作为中国首个全国性国土开发与保护规划，主要有以下特点。

（一）以中央治国理政新理念新思想新战略为指导

《全国国土规划纲要（2016—2030 年）》是统筹推进“五位一体”总体布局和协调推进“四个全面”战略布局的重要内容，是创新、协调、绿色、开放、共享发展理念的具体体现，适应把握引领经济发展新常态，把建设生态文明和维护国家粮食安全、生态安全、资源安全放在重要位置，突出了以人民为中心的发展思想，贯彻了供给侧结构性改革的部署要求。

（二）以创新国土空间开发保护体系为引领

《全国国土规划纲要（2016—2030 年）》坚持国土开发与承载力相匹配、集聚开发与均衡发展相协调、点上开发与面上保护相促进、陆域开发与海域利用相统筹、节约优先与高效利用相统一、市场调节与政府调控相结合，构建了以集聚开发、分类保护、综合整治“三位一体”为框架，以区域统筹、陆海联动为重点，以强化“三线”管控为保障的国土空间开发保护体系，丰富了区域发展总体战略和主体功能区战略，实现了一次集成性创新。

（三）以多中心网络型开发构建区域协调发展格局

《全国国土规划纲要（2016—2030 年）》坚持处理好重点开发与均衡发展的关系，通过加大重要节点和轴带开发力度，增强集聚开发的辐射带动作用，在强调南北轴向发展的同时，更加关注东西轴向的开发，引导人口、产业和城镇向开发轴带和开发中心集聚，促进以人为核心的新型城镇化，推进公共服务资源在城乡、区域之间均衡配置，特别是加大对革命老区、民族地区、边疆地区和贫困地区扶持力度，逐步缩小区域差距，实现城乡一体发展。

（四）以承载力评价促进国土开发利用方式转变

《全国国土规划纲要（2016—2030年）》根据我国区域资源禀赋和环境状况，分别对自然条件、水土条件、生态环境等进行专项评价，把各地区面临的主要矛盾和问题作为国土开发、保护和整治的重要依据。综合考虑资源环境限制性和适宜性要素，优化不同区域国土空间开发的规模、结构、布局，转变国土开发利用方式，提高国土开发的质量和效益，促进经济社会可持续发展。

（五）以陆海统筹推动国土开发向纵深发展

《全国国土规划纲要（2016—2030年）》强化了海洋作为蓝色国土、便捷通道、资源基地和国防屏障的重要作用，将陆海统筹发展的区域范围由东向西纵深推进，从发展定位、产业布局、资源开发、环境保护和防灾减灾等方面构建良性互动的陆海开发格局，促进陆海联动，建设海洋强国。

（六）以强化用途管制提升国土空间治理能力

《全国国土规划纲要（2016—2030年）》注重落实区域发展总体战略和主体功能区战略，强化国土空间用途管制，科学设置“生存线”“生态线”“保障线”，合理确定国土开发强度、国土空间保护、水土资源利用效率、生态环境质量等约束性指标，充分发挥《全国国土规划纲要（2016—2030年）》对涉及国土空间开发、保护、整治等各类活动的指导和管控作用，切实起到对相关国土空间专项规划的引领和协调作用。[①]

专家观点

《全国国土规划纲要（2016—2030年）》的创新之处

《全国国土规划纲要（2016—2030年）》（以下简称《纲要》）是国土空间规划体系改革的重要成果，体现了国家国土空间规划改革的方向，弥补了国家国土空间规划顶层设计的空白。一是确定了国土空间集聚开发、分类保护、综合整治三位一体的空间治理的新体系。比如综合整治，一方面是坚持山水林田湖是一个生命共同体，同时整治是对空间的动态优化过程，弥补了我们空间规划当中原来偏重空间、忽视时间维度的短板。规划就是空间与时间融合的艺术，空间规划是将空间和时间融合。二是强化了集约、绿色的国土空间开发利用新方式。《纲要》里面坚持节约集约优先，这是一个重大的战略。在推动节约集约用地方面，实施建设用地总量和强度控制，总的城镇用地有一个控制规模，全国的开发强度有一个规模，这是双控，意味着未来的国土开发逐步进入以存量为主的空间开发阶段。三是构建了国土空间发展的新格局。《纲要》以国家重点开发区域和优化开发区域为重点，依托主要交通干道和综合交通运输网络，建设多中心网络型国土集聚开发格局。体现在“一带一路”、京津冀协同发展、雄安新区建设、

① 参见姜大明：《强化国土空间用途管制 科学设置“保障线”》，中国新闻网2017年2月9日。

粤港澳大湾区的开发、城市群发展战略。四是突出以人民为中心的发展思想。通过实施人地挂钩等政策，优化城镇用地结构和布局，合理扩大生活用地和生态用地的比例，实现城乡生产、生活和生态空间和谐有序。通过分类分级的国土保护和国土整治，提升国土空间品质。

——自然资源部总规划师　庄少勤

二、完善城乡布局结构

《乡村振兴战略规划（2018—2022年）》对“完善城乡布局结构”作出明确要求：“以城市群为主体构建大中小城市和小城镇协调发展的城镇格局，增强城镇地区对乡村的带动能力。加快发展中小城市，完善县城综合服务功能，推动农业转移人口就地就近城镇化。因地制宜发展特色鲜明、产城融合、充满魅力的特色小镇和小城镇，加强以乡镇政府驻地为中心的农民生活圈建设，以镇带村、以村促镇，推动镇村联动发展。建设生态宜居的美丽乡村，发挥多重功能，提供优质产品，传承乡村文化，留住乡愁记忆，满足人民日益增长的美好生活需要。”

所谓城市群，是指在城市比较密集的区域内，有一个以上大都市依托便捷的交通条件与周边城市的经济联系越来越密切，逐步发展成为功能互补的具有一体化趋势的城市共同体。城市群是工业化、城镇化进程中区域空间形态的高级现象，能够产生巨大的集聚经济效益，是经济社会不断发展、现代化水平逐步提高的重要标志。党的十九大报告指出：“以城市群为主体构建大中小城市和小城镇协调发展的城镇格局。”城市是一个区域的中心，通过“极化效应”集中了大量的产业和人口，获得快速的发展。随着城市规模的扩大、实力的增强，对周边区域产生辐射带动效应，形成一个又一个城市圈。伴随着城市规模的扩大和城际之间交通条件的改善，尤其是高速公路的出现，相邻城市辐射的区域不断接近并有部分重合，城市之间的经济联系越来越密切，相互影响越来越大，就可以认为形成了城市群。城市群具有产业高度化、结构等级化、城市功能化、交通网络化、城乡一体化等特征。城市群是逐步形成的，不可能一蹴而就。城市群在形成过程中，需要不断地克服多种障碍，解决出现的各种问题。虽然市场机制需要在资源配置中发挥决定性的作用，但政府的作用也必不可少。党的十九届四中全会审议通过的《中共中央关于坚持和完善中国特色社会主义制度、推进国家治理体系和治理能力现代化若干重大问题的决定》明确指出：“优化行政区划设置，提高中心城市和城市群综合承载和资源优化配置能力，实行扁平化管理，形成高效率组织体系。”作为市场的主体，企业、个人、社会团体同样发挥着各自的作用。城市群中不同规模的城市在竞合发展过程中，将逐步形成城市功能有机整合、产业分工合理、经济联系紧密的相互依托的网络关系，使城市群具有更加丰富的多样性、更大的创造性和更持久的竞争力，以此支撑区域经济社会的健康发展，并提升国家的国际竞争力和影响力。

（一）注重同以城市群为主体构建大中小城市和小城镇协调发展的城镇格局衔接起来

在当前的发展格局下，尽管中国在政策上仍然鼓励加快培育中小城市和特色小城镇，增强吸纳农业转移人口能力，但农民工进城仍以流向大中城市和特大城市为主，流向县城和小城镇的极其有限。大城市有“虹吸效应”，即比周边的中小城市有更大的吸引力。因为人口多，市场大，基础设施完善，有更多的机会，所以企业更倾向于到大城市投资，产业更可能在大城市聚集。产业的聚集会创造更多的就业岗位，吸引更多的人来就业。大城市越来越大是一个必然趋势，也将对周边地区产生越来越大的影响，既有“极化效应”，也有“辐射效应”。因此，中国大城市、特大城市仍然具有较强的集聚经济效应、规模经济效应、范围经济效应，且其就业、增收和其他发展机会更为密集；至于小城镇，就总体而言，情况正好与此相反。因此，在今后相当长的时期内，顺应市场机制的自发作用，优质资源、优质要素和发展机会向大城市、特大城市集中仍是难以根本扭转的趋势。[①]城市会越来越大，但并非越大越好。大城市也可能会患“大城市病”，如交通拥堵、“热岛效应”、生活成本居高不下。地价的提高会带来房价的提高，也会带来管理成本的提高。同时，也要看到，这种现象的形成，加剧了区域、城乡发展失衡问题，给培育城市群功能、优化城市群内部不同城市之间的分工协作和优势互补关系，以及加强跨区域生态环境综合整治等增加了障碍，不利于疏通城市人才、资本和要素下乡的渠道，不利于发挥城镇化对乡村振兴的辐射带动作用。

上述现象的形成，同当前的政府政策导向和资源配置过度向大城市、特大城市倾斜也有很大关系，由此带动全国城镇体系结构重心上移。这突出地表现在两个方面：一是政府在重大产业项目、信息化和交通路网

① 参见姜长云:《科学理解推进乡村振兴的重大战略导向》,《管理世界》2018 年第 4 期。

等重大基础设施、产权和要素交易市场等重大平台的布局，在公共服务体系建设投资分配、获取承办重大会展和体育赛事等机会分配方面，大城市、特大城市往往具有中小城市无法比拟的优势；二是许多省区强调省会城市经济首位度不够是其发展面临的突出问题，致力于打造省会城市经济圈，努力通过政策和财政金融等资源配置的倾斜，提高省会城市的经济首位度。这容易强化大城市、特大城市的“极化效应”，弱化其“扩散效应”，影响其对“三农”发展辐射带动能力的提升，制约以工促农、以城带乡的推进。[①]加之，许多大城市、特大城市的发展片面追求“摊大饼式扩张”，制约其实现集约型、紧凑式发展水平和创新能力的提升，容易“稀释”其对周边地区和“三农”发展的辐射带动能力，甚至会挤压周边中小城市和小城镇的发展空间，制约周边中小城市、小城镇对“三农”发展辐射带动能力的增强。

（二）中等城市通过发挥自身优势，吸引大城市的产业转移

在城市群范围内，城市和城市形成了互补关系，大城市的功能不断升级，给中等城市带来了机遇。大城市周边的中等城市多数是地级市，本来是一个区域的中心，但毗邻的城市获得某种发展机遇迅速成长后便不断受到大城市的挤压，在产业竞争中不占优势。城市群形成之后，大都市的一些功能会疏解，产业尤其是制造业也会转移过来。大城市周边的中等城市结合原有的产业基础和资源优势，发展有竞争优势的产业，虽然现代服务业难以发展，但高端制造业和一般服务业随着竞争优势的增强能够发展起来；就业人口不断增加，城市规模也将不断扩大，小城

① 参见姜长云：《科学理解推进乡村振兴的重大战略导向》，《管理世界》2018年第4期。

市有可能发展成为中等城市，由中等城市发展成为大城市。毗邻上海的苏州虽然比上海历史悠久，但上海后来居上，近10年，苏州在上海的辐射带动下获得较快发展。不仅苏州受到上海的辐射带动，其下辖的昆山、太仓也在上海的带动下快速发展。

中等城市在产业功能提升的同时，也相应带来人口的聚集，一些交通条件较好的中等城市将发展成为大城市，使城市群内不同规模和职能结构的城镇体系更加合理，城市群的分工协作效应实现最大化。随着人民生活水平的提高、交通条件的改善和新技术的迅速发展，各种不同功能的城市将不断涌现。

（三）小城市和小城镇的区位劣势在弱化，成本优势在强化

城市群中大中小城市和小城镇之所以能够协调发展，关键在于基础设施能够共建共用，网络化的交通改变了小城市和小城镇的区位，为小城市和小城镇带来了发展机遇。过去的交通格局均是以大城市为起点的放射式交通。很多小城市和小城镇，其发展历史并不短，之所以没有发展起来，是因为具有区位劣势。交通不便，使其几百年甚至几千年始终保持很小的规模，产业和人口集聚不了，像河北的燕郊、涿州，浙江的义乌等。但在城市群形成后，由于交通条件的改善，小城市和小城镇的区位劣势在弱化，成本优势在强化，因要素成本很低，零部件产业可以在小城市和小城镇得到发展。日本的丰田汽车公司位于日本名古屋都市圈，其零部件生产企业分布于200公里半径范围内的诸多城市。小城市和小城镇不仅能够发展零部件产业，为大中城市提供配套，而且可以发展休闲、康养、教育产业。欧洲的大学很多分

布在大城市周边的小城市，批发仓储、休闲购物、旅游娱乐也都在离大城市几十公里的地方。

近几年，各类特色小镇不断涌现。特色小镇的特色在于产业，如在城市群范围内围绕大都市发展休闲、养老、旅游等，围绕产业的集聚，将小城镇建设起来，是比较正确的途径。离开特色产业搞特色小镇建设，很多情况下变成巧立名目搞房地产，会造成对土地资源的无效占用及资金的浪费，难以实现特色小镇推动城乡协调发展的目标。

三、推进城乡统一规划

《乡村振兴战略规划（2018—2022年）》对“推进城乡统一规划”作出明确要求：“通盘考虑城镇和乡村发展，统筹谋划产业发展、基础设施、公共服务、资源能源、生态环境保护等主要布局，形成田园乡村与现代城镇各具特色、交相辉映的城乡发展形态。强化县域空间规划和各类专项规划引导约束作用，科学安排县域乡村布局、资源利用、设施配置和村庄整治，推动村庄规划管理全覆盖。综合考虑村庄演变规律、集聚特点和现状分布，结合农民生产生活半径，合理确定县域村庄布局和规模，避免随意撤并村庄搞大社区、违背农民意愿大拆大建。加强乡村风貌整体管控，注重农房单体个性设计，建设立足乡土社会、富有地域特色、承载田园乡愁、体现现代文明的升级版乡村，避免千村一面，防止乡村景观城市化。”

积极发挥国家发展规划对乡村振兴的战略导向作用。要注意突出重点、分类施策，在引导农村人口和产业布局适度集中的同时，将中心村、中心镇、小城镇和粮食生产功能区、重要农产品生产保护区、特色农产品优势区、现代农业产业园、农村产业融合发展示范园、农业科技园区、电商产业园、返乡创业园、特色小镇或田园综合体等，作为推进乡村振兴的战略节点。[①] 完善规划引领机制，充分发挥要素和产业的融合功能。城乡融合发展不是摊大饼，而是一项需要较长时期努力的系统工程，要有足够的历史定力和发展耐心，科学规划、注重质量、从容推进。城乡融合发展并非简单地在统筹城乡条件下的资源要素零和博弈的分配过程，而是在要素融合、产业融合及空间融合中，推进城乡间产业对接、生产力布局优化、质量效益提升，实现城乡全面融合、共同繁荣。因此，城乡融合发展必须强化规划引领。

一是创新规划保障机制，发挥规划引正纠偏功能，确保既推动传统乡村向现代乡村的根本性转型，实现乡村功能的全面发展和提升，又尊重乡村发展规律和个体差异，一体规划、多规合一，有序推进、深度融合，防范过度行政化、过度产业化等行为偏差。

二是创新要素保障机制，打破行政区划限制，破除一切不合时宜的体制机制和政策障碍，在市场准入、财政投入、金融服务、用地用电、人力资本等方面，积极推进机制和政策创新，促进资智双流，强化城乡融合发展的资源要素保障，实现资源要素融合、产业空间重构。

三是创新产业融合机制，积极引导要素集聚、产业集群，促进城乡要素链、产业链、创新链、服务链有机融合，加快推进农业发展从增产导向转向提质导向。以制度、技术和商业模式创新为动力，以新型城镇化为依托，推动农村新产业新业态发展，构建农业与二三产业交叉融合的现代产业体系，形成产业链条完整、功能多样、业态丰富、利益联结

① 参见姜长云:《科学理解推进乡村振兴的重大战略导向》,《管理世界》2018年第4期。

紧密、产城融合更加协调的发展新格局。[①] 乡村整治规划由地方政府主导，乡（镇）村级组织、专家和村民代表可共同参与。

在推进乡村振兴的过程中，找准重点、瞄准薄弱环节和鼓励不同利益相关者参与，都是至关重要的。此外，建设城乡统一的产权市场、要素市场和公共服务平台，也应在规则统一、环境公平的前提下，借鉴政府扶持小微企业发展的思路，通过创新“同等优先”机制，加强对人才和优质资源向农村流动的制度化倾斜支持，缓解市场力量对农村人才和优质资源的“虹吸效应”。[②]

知识链接

零和博弈

零和博弈，又称零和游戏，源于博弈论。是指一项游戏中，游戏者有输有赢，一方所得正是另一方所失，而游戏的总成绩永远为零。零和博弈与非零和博弈相对，是博弈论的一个概念，属非合作博弈。参与博弈的各方，在严格竞争下，一方的收益必然意味着另一方的损失，博弈各方的收益和损失相加总和永远为“零”，双方不存在合作的可能。也可以说，自己的幸福是建立在他人的痛苦之上的，二者的大小完全相等，因而双方都想尽一切办法以实现“损人利己”。零和博弈的结果是一方吃掉另一方，整

① 参见陈明星：《积极探索城乡融合发展长效机制》，《区域经济评论》2018 年第 3 期。

② 参见姜长云：《科学理解推进乡村振兴的重大战略导向》，《管理世界》2018 年第 4 期。

个社会的利益并不会因此而增加一分。早在2000多年前这种零和游戏就被广泛用于有赢家必有输家的竞争与对抗。“零和游戏规则”越来越受到重视，因为人类社会中有许多与“零和游戏”相类似的局面。与“零和”对应，“双赢”的基本理论就是“利己”不“损人”，通过谈判，使合作达到皆大欢喜的结果。

四、打造区域农业发展格局

作为“四化”战略目标之一，农业现代化在全面建成小康社会中具有举足轻重的地位。农业综合开发在发展现代农业中大有可为。今后将把发展现代农业作为新时代农业综合开发工作的统领和目标，在推进中国特色农业现代化的大局下，努力走出一条具有中国特色的新型农业综合开发之路。在新形势下，农业综合开发要以推进农业现代化为目标，以促进农业可持续发展为主线，以提升农业综合生产能力、发展农业适度规模经营、推进农业供给侧结构性改革、助力打赢脱贫攻坚战为重要着力点，全面提升农业综合开发水平和效益。

具体来说，农业综合开发在推进农业现代化、打造区域农业发展新格局中的作用主要体现在四个方面。

一是在提高农业综合生产能力上发挥骨干作用。党的十八届五中全会提出实施“藏粮于地、藏粮于技”战略，就是要突出加强农业基础设施建设、提高农业综合生产能力这个农业的根本。确保重要农产品特别是粮食供给，是实施乡村振兴战略的首要任务。建设高标准农田，是巩固和提高粮食生产能力、保障国家粮食安全的关键举措。国务院办公厅印发的《关于切实加强高标准农田建设提升国家粮食安全保障能力的意见》提出，要坚持夯实基础、确保产能，因地制宜、综合治理，依法严管、良田粮用，政府主导、多元参与等原则，切实加强高标准农田建设，“确保到 2020 年，全国建成 8 亿亩集中连片、旱涝保收、节水高效、稳产高产、生态友好的高标准农田；到 2022 年，建成 10 亿亩高标准农田，以此稳定保障 1 万亿斤以上粮食产能；到 2035 年，通过持续改造提升，全国高标准农田保有量进一步提高，不断夯实国家粮食安全保障基础”。最大规模、整建制推进高标准农田建设，具有投入集中、制度健全、管理严格、效益显著等优势，农业综合开发要坚守阵地，在保障国家粮食安全中发挥好骨干作用。

知识链接

《全国农业现代化规划（2016—2020 年）》

2016 年 10 月 8 日，国务院常务会议通过《全国农业现代化规划（2016—2020 年）》，促进农业升级、农村发展、农民增收。农业现代化是国家现代化的基础和支撑。要贯彻新发展理念，加快转变农业发展方式，提高质量、效益和竞争力。一要推进体制机制创新，稳定完善农村基本经营制度，引导农户依法自愿有序流转土地经营权，发展多种形式的适度规模经营。二要优化农业产业布局，依靠科技创新调整农业生产结构，提高机械化、信息化水平，增强粮食等重要农产品安全保障能力。三要推进农村一二三产业融合，培育新型经营主体和职业农民，发展农产品深加工和电子商务、创意休闲农业等新业态，多渠道促进农民增收。四要实施绿色兴农重大工程，严格化肥、农药、饲料添加剂等使用管理，推动农业废弃物资源化利用无害化处理，综合防治农业面源污染，强化农产品质量安全监管。五要加大支农惠农富农力度，健全财政投入稳定增长机制，拓宽社会资本市场化投入渠道，优化农业补贴政策，创新信贷、保险等支农措施，大力扶持农村贫困地区脱贫攻坚。六要促进农业现代化与新型城镇化相辅相成，强化地方主体责任，因地因城施策，保障居民基本住房需求，努力实现住有所居，促进房地产市场平稳健康发展。

二是在发展农业适度规模经营上发挥引领作用。现代农业的主要特征和最终出路就在于规模经营。农业综合开发整建制、大规模、成方连片建设高标准农田，田水路林山综合整治，全面提高农业基础设施水平，为土地流转和发展适度规模经营奠定基础；大力扶持龙头企业、合作社、家庭农场、种植大户等新型农业经营主体，构建与规模经营相适应的新型生产关系；有力支持农业社会化服务体系建设，为农业生产经营提供低成本、便利化、全方位的产前产中产后服务，将农业生产引入现代农业发展轨道。

三是在提升农业综合效益和竞争力上发挥支撑作用。效益和竞争力是衡量传统农业向现代农业转变的重要标志，这方面农业综合开发大有可为。首先，节本降耗，农业综合开发加强农业基础设施建设，可以大幅降低人力成本、能耗成本、资源投入，明显提升比较效益。其次，科技提效，农业综合开发大力推广新品种、新技术、新工艺，提高农业投入产出比和科技贡献率，打造农业放心品牌，保证食品安全，推动农业科技化、标准化、集约化、机械化。最后，产业增效，农业综合开发集中打造优势特色产业集群，扶持壮大主导产业，延长产业链条，建立紧密利益联结机制，有效带动农业增效、农民增收。

四是在实施农业可持续发展战略上发挥促进作用。可持续发展是生态文明建设的内在要求，也是现代农业的重要标志。农业综合开发把生态保护作为重要治理措施，治理污染、恢复植被、涵养生态，减少化肥农药使用，提高水资源利用效率，持续提升耕地质量，加强农田林网建设，还项目区一片青山绿水。加大小流域治理力度，推进特色经济林建设，支持发展资源节约型、生态友好型农业，促进农业可持续发展。①

典型案例

苏州城乡一体化发展经验

苏州市提出，“所谓城乡一体化，是在空间形态上城乡有别，要使城市更像城市，农村更像农村，园区更像园区；而在社会形态上，实现城乡一体，使广大农村既能保持优美的田园风光和鱼米之乡的特色，又能享受到高度发达的现代城市文明。”城市更像城市，主要是指一些县城镇、中心镇应该向中小城市发展；农村更像农村，主要是指基本定义的农业村，要更像种田的农村，保持优美的田园风光和传统农耕文化；园区更像园区，主要是指各

① 参见卢贵敏：《做好新形势下农业综合开发工作》，《中国财经报》2016年6月3日。

级各类开发区，特别是县以下工业开发区应当进一步提升产业档次和发展水平。

1. 苏州为什么要重提城乡一体化？

1983年苏州开始实行市管县体制时曾提出城乡一体配置资源以打破城乡分割的体制障碍，并取得了显著进展，农民不再外流，乡村社会发展较快。但后来随着外向型开发区的扩张和城市化战略的实施，城乡差距不断拉大，社会矛盾突出。调查显示，苏州工业园区胜浦镇接受调查的389位居民中13.9%是无业人群；苏州工业园区8.6万就业年龄段的被征地农民中，有3万多人处于灵活就业或未主动登记失业状态；阳澄湖村服从园区开发的需要进行了征地、动迁，村民虽拿到了户均20万元的补偿金，但部分农民失地失业，固定收入显著下降。动迁前该村的人均年收入近2万元，2008年下降到1.2万元。苏州平江区被征地农民失地后经营收入和经济福利锐减，就业难度大，创业空间有限，与城市居民的收入差距进一步拉大。2008年后苏州市政府重提城乡一体化发展战略，主要考虑：一是率先基本实现现代化最艰巨最繁重的任务在农村。虽然苏州农村发展水平令全国瞩目，但仍有不少地方亟待提升，如农民增收如何持续耐久，农村基础设施建设如何改善，农业综合生产能力如何不掉队。二是长期城乡二元分割形成的一些不合理体制机制，仍须通过城乡一体化来破解。20世纪80年代，苏州乡镇工业异军突起，初步解决了温饱问题，但计划经济体制下城乡分隔的障碍使乡镇工业还不能顺利发展。中央批准苏南实行市管县体制后，实行了20多年的“地市分设、城乡分治”制度宣告结束，当地政府提出要对辖区内的城市和农村、工业和农业统筹兼顾，实行城乡一体规划管理，但至今仍有很多妨碍城乡要素自由流动的制约因素。三是资源、人口和环境压力驱使。20世纪90年代后，苏州的开发区建设和开放型经济蓬勃发展，农民进城、进镇、进区，生活方式逐渐由农村型向城市型转变，城市化水平迅速提高。至2007年底，苏州市国家级和省级开发区累计开发面积419平方公里，期末从业人员231万人。1990年市区建成区面积只有37.1平方公里，2000年为86.5平方公里，2005年猛增到195平方公里，2008年更达到317平方公里。2000年，城镇实际居住人口超过50%，比1991年提高近20个百分点。2001年8月苏州市提出“大力实施城市化战略，加快推进城市化进程”，2008年聚居于城镇的人口占总人口的62%，2010年城市化率达到70.55%，昆山城市化率更高达74%。经过30年高速增长，苏州发展面临资源、人口和环境三大压力。突出表现为：外来人口与户籍人口各有600多万人，陆地常住人口密度每平方公里超过2000人；土地资源紧缺，人均耕地已不到半亩；土地开发强度达40%，超过了发达国家。口粮自给率只有33%左右，稳物价、保供应的压力越来越大，但同时有部分土地资源没有得到充分利用。在超速的城市化过程中，优质耕地以每年近10万亩的速度减少，苏南的土壤正呈现毒性，其中重金属、持久性有机污染物等有毒物质的污染已经显现。“东方威尼斯”的水体变得黑臭难忍。化解三大压力的办法可归纳为两大类：一类是转变发展方式，比如劳动密集型、资源消耗型等产业，主要靠转型升级来提升；

另一类是改革体制机制，用城乡一体化手段来解决。核心是打破城乡分割的资源配置方法，要从偏向城市转向兼顾城乡，从单向索取转变为双向互补，从低价征收转向等价置换，要使苏州经济社会发展从征地投资拉动转向提升存量土地产出、增加居民消费拉动的可持续发展之路。

2. 苏州城乡一体化改革发展主要做法和成效

主要做法有：推进“三置换、三集中”，探索农民变市民途径；发展“三大合作”，走强村富民之路；优化城乡空间布局，对生态功能区进行经济补偿；探索“三个创新”，促进现代农业发展；加大城乡社保并轨力度，加快社区建设，城乡基本公共服务均等化。

针对过去“村村点火、处处冒烟”的发展方式，导致“走过一村又一村，村村像城镇；而走过一镇又一镇，镇镇像农村”的状况，木渎等 23 个先导区鼓励农户把集体资产所有权、土地承包经营权、宅基地及住房置换成股份合作社股权、城镇保障和住房，并推动工业企业向园区集中、农业用地向规模经营集中、农民居住向新型社区集中，转变了农民的生产生活方式。苏州市枫桥街道对 24 个行政村分三批实施股份合作改革，4 万名村民人均获得股份 16 股。股份合作社主要依靠土地一级开发、规模化厂房对外出租获益，2010 年失地农民人均收入达到 18870 元。通过农民自愿现金入股形式，民发富民合作社吸纳辖区 1 万户农户入股 2.3 亿元，开发建设 11.9 万平方米的“景山公寓”集宿区，不仅解决了 1.5 万名外来务工人员的住宿问题，且连续 6 年实现 9% 的分红。民发富民合作社成立6年，累计兑现股红1.38亿元，仅2013年就分红5099万元，户均4860元。社区行政开支和社会公共服务全部由街道财政承担，2013年，街道共安排7个社区行政运行经费2480万元，安排居民医保、困难群众保障等支出3000万元，让村级经济收入全部返回给村民。该街道24个村股份合作社成立8年来，已累计分红2.5亿元，2013年发放股红4293万元，户均4000余元。2013年，枫桥农民人均纯收入达27350元，动迁农民真正享受到了经济发展带来的实惠。2009年末，苏州农村劳动力的非农就业率已达85%；离开本乡镇外出从业的只占9.2%，其中81.9%在苏州，18.1%到省内其他城市，几乎没有出省的，他们每月平均拿回家现金1972元。截至2013年底，全市农村集体总资产突破1350亿元，村均集体稳定性收入达650万元，农村股份合作经济组织累计达4168家，持股农户比例超过96%；农民人均纯收入为21578元，城乡居民收入比降至1.91 ∶1，为10年来最小。全市92%的农村工业企业进入工业园，91%的承包耕地实现规模经营，52.2%的农户实现集中居住，累计140多万农民实现了居住地转移和身份转变。基本建立了公共服务均等化运行机制，农村基本养老保险和基本医疗保险参保率分别达99.6%和97%以上，农村老年居民享受基本养老待遇或养老补贴覆盖面达99.9%。2011年实现了城乡低保标准并轨，统一提高到500元/月。行政村农村客运班车通达率保持100%。2013年，建设用地供地总量在保障当年建设用地需求的情况下，比上年下降了1%，其中存量土地供地达4.47万亩，占供地总量的54.1%，已连续3年实现存量土地供地率超过50%。作为生态文明建设的重大战略举措和十大生态工程之首，如今，城乡一体化改革发展日趋成为苏州最大的品牌、最大的特色、最大的优势。通过推进城乡一体化改革发展，使农业更有活力，农村更有实力，农民更加富裕。在苏州城乡一体化发展过程中破解了谁来种地、农民如何持续增收、农民如何走向新合作、农民如何分享土地增值收入、城乡公共服务和社会保障在制度上如何合一、新型城镇化如何推进等六大难题。2014年5月，江苏省在推广苏州经验的基础上，根据国家新型城镇化规划，结合本省实际出台了《江苏省新型城镇化与城乡发展一体化规划》。

城乡一体化发展，最重要的、最关键的是资金保障。苏州首先从深化财税体制改革方面入手，努力构建真正的公共财政体制。从2003年开始，苏州市改革农业税征收办法，张家港等地在全国率先实行农业税不再向农民征收，由镇、村代缴，市、镇两级财政负责承担。各市（县、区）从2009年起，安排当年土地拍卖净收益的15%，作为改革试点启动资金。同时，积极向上争取，拓展新增建设用地有偿使用费、农业重点开发资金、农业土地开发资金、耕地开垦费等专项资金的用途，用于农田基本建设、耕地质量建设、农业产业化、农业科技、农业生态保护及农业综合开发等。2009年，全市财政投入新农村建设资金36.5亿元，比上年增长24%。同时，探索建立金融平台。2010年新设农村小额贷款公司32家，累计达到50家，公司总数与注册资本均居全省第一。2010年苏州全市实现地区生产总值9000亿元，实现地方一般预算收入900亿元，比上年增长20%。在地方财力保证下，从2010年起，在原有财政预算安排的基础上每年增加预算安排，到2012年市级城乡一体化改革发展财政专项资金规模达到1亿元。市委、市政府出台了《关于建立生态补偿机制的意见》，2010年开始对生态功能区进行经济补偿。其中，对基本农田保护区域的农田每年每亩补偿400元；对县级以上集中式饮用水水源地保护区范围内的村庄，每年补偿100万元；对太湖、阳澄湖以及下属各市、区确定的重点湖泊水面所在的村，每年给予50万元的生态补偿费用。全市环境质量综合指数达到92，集中式饮用水源地水质达标率为100%。苏州市被确定为国家可持续发展实验区。太湖水质总体上处于稳定状态，实施阳澄湖生态优化行动，东太湖综合整治一期基本完成，生态补偿力度加大。全市城市建成区、镇区（街道）生活污水处理率分别达到97%和88%，全市农村生活污水处理率平均为61.3%。城市生活垃圾无害化处理率达到100%。

（来源：韩振武：《苏州城乡一体化发展的启示》，人民网2016年8月4日）

延伸阅读

1. 贺慧、陆伟：《城乡环境的差异与融合——第十三届环境行为研究国际学术研讨会论文集》，华中科技大学出版社2018年版。

2. 边经卫：《城乡规划管理——法规、实务和案例》，中国建筑工业出版社2015年版。

3.《中华人民共和国城乡规划法》，中国法制出版社2019年版。

深度思考

1. 在新的历史条件下，农业现代化和城镇化相互促进成为我国经济社会发展的鲜明特色，如何理解农业现代化与城镇化成为社会发展进程中相互依存的两个方面？

2. 北京市落实首都城市战略定位，大力推进京津冀协同发展，坚持疏解与提升并重，扎实建设城市副中心，这些举措在乡村振兴战略中有何重大意义？

3. 面对城乡发展面临着农业结构调整和农民增收难度加大、城乡居民收入差距有所扩大、农村人居环境仍需长效管控等困境，我们应如何破局？

第六章

规划先行，优化乡村发展的布局

在乡村振兴战略引领下，乡村的发展及其布局问题是显著的热点。我国乡村地域广大，资源禀赋差异大，城乡社会、经济、生态发展不平衡，人口城镇化趋势显著，资源利用不合理等现象也比较突出。乡村的布局看似简单，但其在总体发展的政策影响范围内，受到深刻的政治、土地、资本、劳动力以及技术因素的综合影响。乡村发展的总体思路需要进一步明晰，同时乡村布局需要遵从的各项法律制度和规划建设指引还不够系统、健全和协调。《乡村振兴战略规划（2018—2022年）》明确提出“优化乡村发展布局”，指出：“坚持人口资源环境相均衡、经济社会生态效益相统一，打造集约高效生产空间，营造宜居适度生活空间，保护山清水秀生态空间，延续人和自然有机融合的乡村空间关系。”

一、统筹利用乡村生产空间

《乡村振兴战略规划（2018—2022年）》明确提出“统筹利用生产空间”，指出：“乡村生产空间是以提供农产品为主体功能的国土空间，兼具生态功能。围绕保障国家粮食安全和重要农产品供给，充分发挥各地比较优势，重点建设以‘七区二十三带’为主体的农产品主产区。落实农业功能区制度，科学合理划定粮食生产功能区、重要农产品生产保护区和特色农产品优势区，合理划定养殖业适养、限养、禁养区域，严格保护农业生产空间。适应农村现代产业发展需要，科学划分乡村经济发展片区，统筹推进农业产业园、科技园、创业园等各类园区建设。”党的十八届三中全会提出要“划定生态保护红线”，“建立国土空间开发保护制度”，促进以生产空间为主导的国土开发方式向生产—生活—生态空间协调的国土开发方式转变，实现生产空间集约高效、生活空间宜居适度、生态空间山清水秀，保障特色田园乡村发展合理用地需求。明确综合运用城乡建设用地增减挂钩、同一乡镇村庄建设用地布局调整试点政策，加大农村建设用地盘活利用力度，在村域空间内统筹安排农村生产空间、生活空间、生态空间。

（一）科学规划乡村生产空间

在经济发展的不同阶段，生产空间、生活空间、生态空间的地位与作用不完全一致。国际经验表明，在工业化阶段，生产空间将占据主导地位并呈现扩大趋势；在后工业化阶段，随着收入水平提高，人民对生活品质和生态环境的要求也不断提高，这时生态空间和生活空间将逐步占据主导地位，生产空间会有所减小。由于技术水平和生产效率的大幅度提升，物质财富和精神财富不会因为生产空间的压缩而下降，但增长速度会放缓，将由原来的高速增长转向中高速增长。① 以江苏省为例，江苏省将优先安排特色田园乡村开展同一乡镇村庄建设用地布局调整试点，推进建设用地布局优化和“减量化”。充分发挥耕地和永久基本农田在调节气候、净化美化环境、维持生态多样性、涵养水源等方面的重要作

① 参见叶堂林、潘鹏：《生产、生活、生态空间的统筹重点》，《北京日报》2017 年 7 月 31 日。

用，为特色田园乡村试点建设奠定坚实基础。统筹安排省投、市投土地综合整治项目，将土地综合整治项目向特色田园乡村试点地区倾斜，通过“山、水、林、田、湖、村”的综合整治，不断改善农村生产生活条件和生态环境，推进农村农业现代化。鼓励和支持特色田园乡村试点地区，整乡整村推进高标准农田建设。采取政府和社会资本合作、设立基金、贷款贴息、先建后补等方式，吸收社会资本投入，开展高标准农田建设。

江苏省国土资源厅出台的《关于支持特色田园乡村建设试点工作的意见》，鼓励在试点地区居民利用自有住宅依法从事乡村休闲、旅游、养老等产业和农村三产融合发展，解决设施农业、创意农业、规模经营等用地问题。鼓励和支持试点地区的农民集体经济组织依法使用建设用地自办或以土地使用权入股、联营等方式与其他单位和个人共办企业。鼓励和支持试点地区因地制宜、稳妥有序开展农村宅基地自愿有偿退出，盘活农村闲置建设用地，提高土地节约集约利用水平。允许在符合相关规划的前提下，利用现有房屋和土地，兴办乡村旅游、工业旅游、自驾车营地等旅游新业态，并可实行继续按原用途和土地权利类型使用土地的过渡期政策，过渡期为 5 年。

江苏省探索用地保障制度创新，支持试点地区开展旅游项目点状化供地试点。探索旅游休闲生态观光建设项目用地，实行点状布局开发，建立符合产业发展特点的科学化、差别化、精细化、生态化的土地利用制度。对特色田园乡村产业用地，结合产业特色及当地实际，鼓励采用长期租赁、租让结合、先租后让、弹性出让等多种方式灵活供应，降低土地使用成本，提高使用效率。对特色田园乡村的主导产业项目用地，优先保障用地供应。对以特色田园乡村为名发展房地产的，坚决限制和禁止供地。[①]

专家观点

乡村规划要注意的几个问题

第一，村规划的大量铺开要警惕潜在的问题。一是目前农村规划大规模开展，要警惕城市规划中的问题在农村领域积重难返，主张大量的规划可以用稳定的法规来替代。二是乡村旅游业会在一定程度上阻碍农业的发展，尤其是在政府补贴支持乡村旅游业的情况下。发展乡村旅游业导致土地利用预期不稳定，尤其把村庄周围的土地用来发展乡村旅游，农民将以高于农业纯收入的租金流转，而微小的价格波动将会导致承租者损失严重。三是由于危房改造、乡村道路的修建、公共服务设施等逐渐完善，越来越多的农民不想进城，这也是当前存在的问题。第二，做村规划需要大量的调查研究。调查不深入会导致得到错误的信息，比如有人调查得出农民大多不愿意搞传统农业，村庄里大多是老人和妇女在种地，其实靠的是中青年的专业化服务。第三，主张建立农业保护区，聚集适合现代农业发展需求和农民自身需求，制定有限目标的规划安排。第四，不是每个村都必须做村规划。小型专业农户居民点和大型居民点可以做村规划来引导发展，其余乡村由

① 参见吴琼：《江苏：盘活利用农村建设用地 统筹安排生态空间》，《新华日报》2017年11月30日。

市场来决定其发展。建议要关注小型专业农户居民点，重点发展8000～9000人口规模的居民点，比较稳定。大型居民点能否留得住农民的因素有两个，第一个是收入水平，第二个是小学教育问题。第五，均衡的城市格局有利于农村的发展。例如，我国东北农业资源丰富，而农业发展水平最高的地区是长三角、珠三角地区，说明了城市的均衡布局有利于农业的发展。

——中国社会科学院农村发展研究所研究员 党国英

（二）手中有粮，心中不慌，把饭碗牢牢端在自己手中

习近平总书记指出："如果粮食出了问题谁也救不了我们，只有把饭碗牢牢端在自己手中才能保持社会大局稳定。因此，我们决不能因为连年丰收而对农业有丝毫忽视和放松。"河南是产粮大省，1983年之前，却要年年"借粮"为生。今天全国粮食1/10、小麦1/4来自河南，每4个馒头中，就有一个来自河南。河南粮食产量从1952年的210亿斤提高到2018年的1330亿斤，成为名副其实的"中国粮仓"。如今的河南走上了量质双赢的粮食生产新轨道。藏粮于地、藏粮于技，种专用粮、种放心粮。全省建设高标准农田5400万亩，平均每亩提升粮食产量150斤。全省发展优质小麦1204万亩，位居全国第一。

（三）建设现代农业产业园，引领乡村产业振兴

国务院印发了《关于促进乡村产业振兴的指导意见》，农业农村部召开全国乡村产业振兴推进会，对推进乡村产业发展进行了系统部署，提出了建设现代农业产业园的任务。为贯彻落实中央要求，农业农村部、

财政部公布了2019年国家现代农业产业园创建名单。建设现代农业产业园是党中央、国务院作出的重要决策。2017年、2018年两年，中央财政拿出50多亿元，农业农村部、财政部共同组织批准创建62个、首批认定了20个国家现代农业产业园。在国家产业园建设的带动下，各地创建了1000多个省级产业园和一大批市县级产业园，为促进农民增收、带动本地农业转型升级发挥了重要的作用。

1. 建设现代农业产业园的重要意义

在实施乡村振兴战略的大背景下，建设现代农业产业园有着特殊重要的意义，可以从三个方面来深化认识。

一要从实施乡村振兴战略的大格局来深化认识。产业兴旺是乡村振兴的基础，是解决农村一切问题的前提。建设现代农业产业园，可以在一定区域范围内集聚现代生产要素和经营主体，实行全链条开发，引领带动区域乡村产业做大做强，让农民在家门口就能有活干、有钱挣。目前，2017年、2018年创建的62个国家级产业园已形成95个主导产业，培育壮大了一批全国知名的产业。可以说，抓住了产业园，就牵住了乡村产业振兴的“牛鼻子”。

二要从农业高质量发展的新阶段来深化认识。当前，我国经济已由高速增长阶段转向高质量发展阶段，农业也需要向高质量发展迈进。经过多年努力，我国农业取得长足进展，但产业链条短、大而不强、质量效益竞争力不高等问题比较突出，很多还停留在卖“原字号”“初字号”产品阶段。推动农业高质量发展，必须唱响质量兴农、绿色兴农、品牌强农主旋律，推动农业由增产导向向提质导向转变，增加优质绿色农产品供给。现代农业产业园既是产业园，也是示范园、科技园、质量园，能够示范带动现代技术和理念向农业农村辐射，形成区域农业高质量发展的良好态势，引领农业发展转型升级和提质增效。

三要从融合发展的大趋势来深化认识。产业园既能带动农村一二三产业融合发展，又能成为促进城乡融合发展的平台载体。建设现代农业产业园，有利于在更深层次上吸引和聚集现代生产要素，打造集生产、加工、流通、销售于一体的全产业链，推进农村一二三产业融合发展，把产业链尽可能留在县、乡、村，带动农民就近、就地就业增收。

同时，产业园一头连着工业，一头连着农业，一边接着城市，一边接着农村，是城市人才、技术、资金等要素流向农村的重要载体，是返乡下乡人员干事创业的重要平台，是联工促农、联城带乡的桥梁纽带。建设好产业园，就能为促进城乡融合发展探索路子。可以说，现代农业产业园是新时代推进乡村振兴的重要抓手，需要持续抓好，久久为功。

2. 推进现代农业产业园建设

新形势下推进现代农业产业园建设，要着眼于做强乡村产业、服务乡村建设、带动农民增收，以姓农、务农、为农、兴农为根本宗旨，坚持集聚建园、融合强园、创新活园、绿色兴园，把产业园建设成为乡村产业振兴的样板区。具体而言，要重点抓好四个方面工作。

一是科学规划布局。建设产业园首先是布好局。要优先选择在全国有较大影响力、一二三产业融合发展水平高、带动农民增收效果显著的主导产业，创建国家现代农业产业园。优先在粮食生产功能区、重要农产品生产保护区、特色农产品优势区和现代农业示范区布局建设。各地也可以聚焦特色鲜明、成长性好的主导产业，建设一批省级和市县级产业园。同时，也要合理规划内部布局，按照有利于生产要素集聚的原则，统筹布局现代种养、加工物流、休闲观光、科技研发等功能板块，实现规模种养与加工流通相协调、服务设施与生产设施相配套、科技创新与产业发展相衔接。

二是突出全产业链建设。现在的乡村产业不再是单一搞生产、卖产品，而是集产、加、销、游于一体的多功能产业。建设产业园，要着眼于产业融合发展，打造集中连片的大型原料生产基地，布局建设一批烘干、保鲜、包装、储藏等初加工和商品化处理设施，在产业园核心区开展精深加工，配套建设农产品批发市场、冷链物流体系，发展休闲农业、乡村旅游和农业生产性服务业，推动农业由“卖原料”向“卖加工品”“卖风景”“卖服务”转变。

三是突出科技支撑。现代农业产业园的一个重要标志就是科技装备水平先进。要强化各链条、各环节的科技支撑，主动加强与科研院校的对接合作，引导高新技术企业在产业园设立试验站，在生产一线攻克数字农业发展、农产品精深加工关键技术瓶颈，推动新品种、新技术、新装备率先在产业园示范应用，探索科技成果熟化应用的有效机制，把产业园的科技翅膀做得又硬又好。

四是突出质量兴农。随着人们收入水平的提高，城乡居民消费结构日益升级，对绿色化、优质化、特色化、品牌化的要求越来越高。产业园要瞄准这一需求，率先实现“一控两减三基本”，率先实现标准化生产和可追溯全覆盖，建立更为严格的质量安全监管和责任追究制度；要培育品质优良、特色鲜明的区域公用品牌，支持园内企业与农户共创企业品牌，培育一批“土字号”“乡字号”产品品牌，把产业园建成质量安全的“放心园”“品牌园”。

3. 发挥好现代农业产业园的联农带农作用

产业园要姓农、务农、为农、兴农，能给农民带来实实在在的好处，带动农民增收致富，这是产业园的根本宗旨。

必须完善联农带农机制，让农民更多分享产业链增值收益，成为产业园建设的参与者、受益者，绝不能把产业园建成工业园，不能搞成“机器人戴草帽”。要创新联农带农方式，产业园带动农民增收，不能仅停留在土地流转、入园打工等简单合作方式上，还要推广土地承包经营权入股、财政补助资金股权化改革等新的利益联结机制，引导农业企业与小农户建立契约型、分红型、股权型等合作方式，让农民更多分享二三产业增值收益。

近年来，一些贫困地区探索出的“土地流转得租金、入园就业得薪金、家庭经营得现金、股份分红得股金”的“一地生四金”模式，让农民获得多重收入，其经验、做法值得推广。要大力支持创业创新，依托主导产业建设一批创业创新孵化基地，落实信贷、保险、用地等创业创新扶持政策，吸引农民工、大中专毕业生、退役军人、科技人员等各类人才返乡下乡创业、兴业，吸纳本地农民入园创业、就业，把产业园打造成创业创新的“摇篮”。

要推进产村融合、园村一体。积极探索通过盘活农村闲置农房和宅基地，发展“生产在园、加工进村”“体验在园、休闲进村”等产村相融、园村共建模式，带动乡村改善水、电、路、气、讯等设施条件，促进村集体经济同步发展壮大，加快乡村全面发展。①

典型案例

生态宜居、乡风文明、生活富裕

——贵阳市实施“4村整治”工程推进乡村振兴战略扫描

产业兴旺、生态宜居、乡风文明、治理有效、生活富裕是实施乡村振兴战略的总要求。2019年初，贵阳市坚守发展和生态两条底线，启动实施“千村整治”工程，计划用三年时间基本构建现代城市、特色小镇、富美乡村各美其美、相得益彰、协调发展的爽爽贵阳新格局，切实推进乡村振兴战略。

近日，记者深入村寨走访看到，“千村整治”工程正有序开展，部分村寨已初显成效，一幅百姓富、生态美的爽爽贵阳新未来蓝图正徐徐展开。

将污水进行集中处理

走进清镇市红枫湖镇芦荻哨村龙滩组，仿佛游走在一幅美丽的山水画卷里。在观光木栈道上，一处占地约1亩的绿化地植被茂盛，格外显眼，里面有荷花、芦苇、香蒲草等。而在这些绿植的底下，埋着一套小型污水处理系统，正在对全组的污水进行集中处理。

“整个组160多户的生活污水经过地下管网统一汇集到这里进

① 参见《建设现代农业产业园 引领乡村产业振兴——农业农村部负责人就国家现代农业产业园建设有关问题答记者问》，《农民日报》2019年7月26日。

行处理后，水质能达到地表水三类标准，可以直接用来养鱼。”红枫湖镇农业中心主任涂勇告诉记者，该污水处理系统日处理污水3吨，汇集的污水经过滤油格、厌氧池发酵后流到人工湿地，再经过砾石层层过滤，富营养分子被绿植吸收，最终处理后的水能够达标排放进入红枫湖。目前，红枫湖镇93个自然村寨均已根据当地实际情况，建成或在建人工湿地污水处理系统和微动力污水处理系统，有效保护了红枫湖的水质。

生活污水处理只是“千村整治”工程的一方面。根据计划，贵阳市将在包括芦荻哨村在内的104个村开展农村基础设施建设和村容整治提升工作，围绕清洁人饮巩固提升工程、“农网”升级改造工程、道路畅通工程、农房改造及村庄环境治理工程、农村生活垃圾治理工程、农村生活污水治理工程、农村“厕所革命”工程七大重点工程，大力改善农村人居环境，推动美丽乡村生态宜居。

垃圾清运有专车

“以往，芦荻哨村的生活污水、生活垃圾等被随意排放倾倒，一到夏天，杂草丛生，蚊蝇满天。现在村民只需将生活垃圾放进家门口最近的垃圾斗，就会有清运车来收走。”涂勇说。

在“千村整治”工程中，贵阳市明确在全市所有912个行政村实施以“三清一改”（清理生活垃圾、清理村内塘沟、清理畜禽养殖粪污等农业生产废弃物，改变影响农村人居环境的不良习惯）为主要内容的村庄清洁行动。芦荻哨村在实施“三清一改”工作中，通过制定村规民约、入户宣传、开坝坝会等方式，引导和纠正老百姓的观念，使之共同参与到环境整治中。此外，村子还实现了有垃圾收运设施、保洁队伍、监管制度、有门前“三包”责任制、资金保障等，并被列入贵阳市2019年富美乡村示范村建设点。

“这几年村里的生活环境发生了翻天覆地的变化，完全想象不到。”芦荻哨村村民周江说，“村里越来越美，村民自觉遵守秩序保护环境，这样的生活让很多城里人都十分羡慕。”

“厕所革命”扮靓乡村

坐落在观山湖区百花湖畔的三屯村，风景如画。沿着湖畔行走，一座座干净卫生的公厕随处可见，家家户户都有了卫生间。“这得益于贵阳市大力推进‘厕所革命’。”百花湖镇副镇长施卫华说。

为解决农村厕所脏、乱、差、臭、少等问题，2018年，贵阳市将“千村整治”与“厕所革命”相结合，围绕群众“如厕难”问题，坚持“农户主体、政府奖补，因地制宜、分类实施”的原则，重点对全市农村卫生厕所、城镇公共厕所、旅游厕所、国省干线公路厕所等实施标准化提升。截至2019年8月，全市完成户厕改造31927个，新建公厕595个。

“我们把户厕改建、新建公厕的决策作为推进美丽乡村建设和乡村旅游发展的重要契机，在选址上，广泛听取群众意见，从反映意见较多的路段和区域入手，切实提高规划布点的均衡性和有效性。”施卫华说，小厕所蕴含大民生，百花湖镇计划2019年修建25座标准公厕，为旅游发展打好基础。

绿水青山就是金山银山。以“厕所革命”为代表的农村人居环境整治行动迅速推进，使百花湖镇众多乡村越来越美，前来度假旅游的人越来越多，当地村民因此开起了“农家乐”、搞起了乡村旅游，吃上了“生态饭”，收入不断提高。

（来源：《贵阳日报》2019 年 8 月 14 日）

二、合理布局生活空间

《乡村振兴战略规划（2018—2022 年）》明确提出要“合理布局生活空间”，指出：“乡村生活空间是以农村居民点为主体、为农民提供生产生活服务的国土空间。坚持节约集约用地，遵循乡村传统肌理和格局，划定空间管控边界，明确用地规模和管控要求，确定基础设施用地位置、规模和建设标准，合理配置公共服务设施，引导生活空间尺度适宜、布局协调、功能齐全。充分维护原生态村居风貌，保留乡村景观特色，保护自然和人文环境，注重融入时代感、现代性，强化空间利用的人性化、多样化，着力构建便捷的生活圈、完善的服务圈、繁荣的商业圈，让乡村居民过上更舒适的生活。”

生活空间是影响人们生活的人居环境。要以实施农村人居环境整治为抓手，着力建设美丽宜居乡村。农村生产生活环境，既关系社会文明程度，又关系群众幸福指数。推动乡村振兴，必须努力实现农业强、农民富、农村美的统一。着力改善农村人居环境。聚焦农村生活垃圾处理、生活污水治理、村容村貌整治等重点任务，梯次推动乡村山水林田路房整体改善，下大力解决一些农村脏乱差的问题。深入推进“厕所革命”，因地制宜、分类施策，推广卫生厕所的大众化、普及化。同时，要建设平安乡村，落实社会治安综合治理领导责任制，抓好防控体系建设。深入开展扫黑除恶专项斗争，严厉打击农村黑恶势力、村匪村霸、宗族恶势力及黄赌毒盗拐骗等违法犯罪行为。加强乡村矛盾纠纷预防和化解机制建设，采取领导干部包联的办法，用心用情用力解决信访问题，着力削减存量，坚决遏制增量，做到小事不出村、大事不出县、矛盾不上交。①

农村人居环境整治的重点任务

优化乡村生活空间，从破解新时代社会主要矛盾的角度，推进城乡融合发展，必须积极拓展农业多功能性，充分发挥乡村在提供优质、安全的农产品和优良的文化产品、生态产品等方面的优势，着力提高乡村发展的吸引力，打造新的价值洼地。因此，在加强对传统乡村进行现代化改造的同时，要充分彰显乡村文化生态个性魅力，规避“以城带乡”

① 参见王东峰：《学习贯彻习近平总书记“三农”思想 谱写燕赵乡村振兴新篇章》，《人民日报》2018年3月30日。

变异为“以城代乡”，防范以城市元素代替乡村风貌、以城市文明取代农村文明。为此，一要强化城乡命运共同体意识，充分把握城乡联系越来越密切的客观现实，深化对城乡关系、变化趋势及城乡发展规律的再认识，强化城乡互补、互动互促，推进城乡文明共生共荣。二要积极引入现代文明，积极创新载体和抓手，推进市场意识、契约意识、民主意识、法治意识、开放意识、合作意识等现代文明向乡村辐射，促进现代文明与田园风光、乡村风情相得益彰。三要充分挖掘乡村多种功能和价值，着力培育文明乡风、良好家风、淳朴民风，大力推进对乡村优秀传统文化的传承发展提升，积极开发乡村优良生态产品。

专家观点

要充分认识乡村规划的定位和属性

乡村规划在乡村振兴战略中具有重要地位，面对当前规划体系调整的背景，需要充分认识乡村规划的定位和属性。一是长期以来我们对城镇化发展和乡村发展都存在理论上的误区，主要在城市关系渗透给乡村和乡村关系渗透给城市的认识方面，简单来说，就是对乡村主导还是城市主导问题还没有定论。中国自古是乡村主导，城市仅是政治工具，功能有限，乡村长期处于决定性地位，这为我们处理中国乡村发展的问题提供了新的角度。二是国土资源规划和城乡规划等空间规划在改革开放前后有变化，依据乡村主导的理念，有必要借鉴古代的规划理念启发。古代的空间规划是一个技术工具，同时是个政治工具，根本上是治国安邦。改革开放以来，高速城镇化需要生产空间，土地制度变革使农村成为城镇土地的来源，对农村产生了较大冲击，此时城乡土地之间无形中形成了一道墙，很多问题转化为社会问题。城乡规划被固定下来，本质上成为国家控制城市化实践的一种法律手段与技术工具。三是乡村建设与城市建设是一个问题的两个方面，新时代乡村规划要注重城乡共生、社会公平、空间共享。乡村规划不是城市规划的补充，要注重新的城乡关系，改变目前城市主导、农村边缘的情况。乡村应当分为城市地区的乡村和远离城市纯粹的乡村。这两类乡村要整体对待，实现城乡平衡。四是新时代乡村规划设计中还要推行大保护小开发，将开发与保护结合，加强社会治理、经济发展和改善生活的关联，对美好生活、美丽家园进行统筹规划。

——清华大学建筑与城市研究所教授 武廷海

三、严格保护生态空间

《乡村振兴战略规划（2018—2022年）》明确提出“严格保护生态空间”，指出：“乡村生态空间是具有自然属性、以提供生态产品或生态服务为主体功能的国土空间。加快构建以‘两屏三带’为骨架的国家生态安全屏障，全面加强国家重点生态功能区保护，建立以国家公园为主体的自然保护地体系。树立山水林田湖草是一个生命共同体的理念，加强对自然生态空间的整体保护，修复和改善乡村生态环境，提升生态功能和服务价值。全面实施产业准入负面清单制度，推动各地因地制宜制定禁止和限制发展产业目录，明确产业发展方向和开发强度，强化准入管理和底线约束。”

我国人民日益增长的美好生活需要，不仅包括物质层面和精神文化层面的，还包括生态层面的，不仅包括最基本的食品数量安全、质量安全，还包括对良好生产生活环境、更多优质生态产品、优美生态环境的需要。江苏省南京市践行“绿水青山就是金山银山”的理念，以生态优先、绿色发展为导向，瞄准生态短板、铁腕治污攻坚，将生态文明理念融入乡村振兴战略，统筹推进美丽乡村建设，积极探索“绿水青山”转化为“金山银山”的生动实践，努力走出一条生产发展、生活富裕、生态良好的发展道路，聚力建设“创新名城、美丽古都”。其中，南京市江宁区在学习践行“绿水青山就是金山银山”理念的基础上，通过实施全域设计、全境品牌、全新业态、全民共享，总结形成了以美丽乡村建设为牵引抓手推进生态文明建设和乡村振兴的方法论。先后经历了从“农家乐＋土菜”到“民宿＋文创”，再到“特色产业、特优生态、特质文态、特美心态”的三次跨越，走出了一条生态保护和适度利用有机统一、产业发展和富民强村全面推进、乡土文化和现代文明相互融合、基层建设和依法治理同步提升的内涵式发展道路。

围绕促进生态振兴，建设生态宜居的美丽乡村。良好的生产生活环境、完善的基础设施和便利的公共服务，是广大农民的殷切期盼，也是振兴乡村、聚拢人气的硬件要求。当前，城乡差距大，除了体现在收入上，还体现在基础设施和公共服务上，特别是公路、通讯、教育、医疗等方面欠账较多，农村生活环境脏乱差等问题凸显。推进乡村生态振兴，要认真总结推广浙江“千村示范、万村整治”经验，扎实推进村容村貌改善、农村垃圾污水治理、“厕所革命”和农业废弃物资源化利用，大力改善农村人居环境；大力推动水电路气讯等基础设施建设向农村延伸，科教文卫体等公共服务向农村倾斜，建设适应现代生活、体现乡土风貌、山清水秀、天蓝地绿的美丽乡村。

实施生态环境修复保护重点工程。扎实推进山水林田湖草系统治理，巩固拓展地下水超采综合治理成果，全面落实河长制、湖长制，突出治理保护，加强坑塘河渠专项整治，强化露天矿山综合整治，深化农业面源污染防治，抓好秸秆焚烧治理和综合利用。深入推进冬季清洁取暖，积极稳妥推行煤改气、煤改电，促进环境质量持续好转。

延伸阅读

1. 李小健等：《欠发达区乡村聚落空间演变》，科学出版社 2019 年版。

2. 王秀红：《伦理视域下的美丽乡村生态治理研究》，武汉大学出版社 2019 年版。

3. 付海英、朱绪荣、朱晓禧、张忠明、张高振：《国家现代农业产业园规划与方案编制方法及案例》，中国农业科学技术出版社 2018 年版。

深度思考

1. 如何理解乡村生产空间、生活空间、生态空间三者之间的关系？

2. 在融媒体时代，如何发挥新兴媒体在乡村振兴战略中的重要作用？

3. 在规划乡村生产、生活、生态空间时，应把握什么原则？

第七章

村庄分类，防止乡村「千村一面」

《乡村振兴战略规划（2018—2022年）》明确要求分类推进乡村发展，指出："顺应村庄发展规律和演变趋势，根据不同村庄的发展现状、区位条件、资源禀赋等，按照集聚提升、融入城镇、特色保护、搬迁撤并的思路，分类推进乡村振兴，不搞一刀切。"实施乡村振兴战略，首先要做好村庄规划。中央农办、农业农村部、自然资源部、国家发展改革委、财政部5个部门联合出台《关于统筹推进村庄规划工作的意见》，文件明确了2019～2020年全国村庄规划的总体要求。五部委联合发文，统筹推进村庄规划。力争到2019年底，基本明确集聚提升类、城郊融合类、特色保护类、搬迁撤并类等村庄分类；到2020年底，结合国土空间规划编制在县域层面基本完成村庄布局工作，有条件的村可结合实际单独编制村庄规划，做到应编尽编。这有利于厘清村庄发展思路，明确乡村振兴各项任务优先序，做到发展有遵循、建设有抓手；有利于统筹安排各类资源，集中力量、突出重点，加快补齐乡村发展短板；有利于通过科学设计和合理布局，优化乡村生产生活生态空间；有利于引导城镇基础设施和公共服务向农村延伸，促进城乡融合发展。要切实提高思想认识，把加强村庄规划作为实施乡村振兴战略的基础性工作，精心组织、周密部署，稳扎稳打、善作善成，持之以恒推动乡村振兴战略落实落地。

村庄规划工作的总体要求是：以习近平新时代中国特色社会主义思

想为指引，牢固树立新发展理念，按照产业兴旺、生态宜居、乡风文明、治理有效、生活富裕的总要求，以多样化为美，突出地方特点、文化特色和时代特征，保留村庄特有的民居风貌、农业景观、乡土文化，防止“千村一面”；因地制宜、详略得当规划村庄发展，做到与当地经济水平和群众需要相适应；坚持保护建设并重，防止调减耕地和永久基本农田面积、破坏乡村生态环境、毁坏历史文化景观；发挥农民主体作用，充分尊重村民的知情权、决策权、监督权，打造各具特色、不同风格的美丽村庄。实现村庄建设发展有目标、重要建设项目有安排、生态环境有管控、自然景观和文化遗产有保护、农村人居环境改善有措施。要结合乡村振兴战略规划编制实施，逐村研究村庄人口变化、区位条件和发展趋势，明确县域村庄分类，合理划分县域村庄类型。

一、集聚提升类村庄

《乡村振兴战略规划（2018—2022年）》明确提出“集聚提升类村庄”，“现有规模较大的中心村和其他仍将存续的一般村庄，占乡村类型的大多数，是乡村振兴的重点。科学确定村庄发展方向，在原有规模基础上有序推进改造提升，激活产业、优化环境、提振人气、增添活力，保护保留乡村风貌，建设宜居宜业的美丽村庄。鼓励发挥自身比较优势，强化主导产业支撑，支持农业、工贸、休闲服务等专业化村庄发展。加强海岛村庄、国有农场及林场规划建设，改善生产生活条件。”《关于统筹推进村庄规划工作的意见》明确指出：“将现有规模较大的中心村，确定为集聚提升类村庄。”

集聚提升类可以分为两小类：一类是像江浙等经济发达地区，已将原来的几个村庄合并，并形成了一定的经济基础，发展成为经济强村，交通发达，二三产业发展都很不错，已经形成了一定的规模优势。另一类是种植业、养殖业有优势，二三产业较弱的村庄。这一类乡村可以继续专注在农业方面的优势，发展好现代农业。发展现代农业也需要一定的人口，这类村庄应该继续提升。

集聚提升类村庄是乡村振兴的重点。应鼓励发挥自身比较优势，强化主导产业支撑，支持农业、工贸、休闲服务等专业化村庄发展。而产业发展是促进集聚提升类村庄经济繁荣的根本。农村产业发展应依托田园风光、乡土文化、民俗技艺等独特资源，从自身区位及周边可借势的资源角度出发，确定主导产业，构建一二三产业融合发展的产业集群。集聚提升类村庄是现有规模较大的中心村和其他仍将存续的一般村庄，是乡村的普遍表现形式，具有较大的提升价值。要抓住这一类村庄的本土资源优势，突破现有发展瓶颈，实现村庄产业、人口、用地和文化的复兴，促进村庄功能转型和空间重构。

知识链接

统筹谋划村庄发展

要结合农村人居环境整治三年行动，加快推进村庄规划编制实施，统筹谋划村庄发展定位、主导产业选择、用地布局、人居环境整治、生态保护、建设项目安排等，做到不规划不建设、不

> 规划不投入。结合村庄资源禀赋和区位条件，引导产业集聚发展，尽可能把产业链留在乡村，让农民就近就地就业增收。按照节约集约用地原则，提出村庄居民点宅基地控制规模，严格落实“一户一宅”法律规定。综合考虑群众接受、经济适用、维护方便，有序推进村庄垃圾治理、污水处理和厕所改造。按照硬化、绿化、亮化、美化要求，规划村内道路，合理布局村庄绿化、照明等设施，有效提升村容村貌。依据人口规模和服务半径，合理规划供水排水、电力电信等基础设施，统筹安排村民委员会、综合服务站、基层综合性文化服务中心、卫生室、养老和教育等公共服务设施。按照传承保护、突出特色要求，提出村庄景观风貌控制性要求和历史文化景观保护措施。
>
> ——《关于统筹推进村庄规划工作的意见》

产业复兴——以现有产业基础为依托，打造产业联动模式，促进村庄产业功能拓展与业态延伸。针对农业基础条件较好的村庄，由于这类村庄农业资源特色较为突出，可依托农业资源优势，引入二产加工，突出农产品的附加价值，延长传统农业产业链，拓展农业的多重功能，吸引客流，促进村庄产业经济提升，带动村庄复兴。如浙江省的龙现村，以稻鱼共生系统为依托，打造绿色的生态循环体系，以“小田鱼”为核心，带动农产品加工、文化保护以及生态旅游产业发展。针对加工基础较为突出的村庄，因这类村庄主要以特殊工艺和手工制造为核心资源，利用加工业的基础优势，带动原材料种植行业发展，同时可拓展发展配套性服务业和支持性服务业，形成完整的产业链条，带动村庄产业转型与升级。如广西壮族自治区石井村，依托横县茉莉花高新科技加工新城，将茉莉花产业作为支柱，集茉莉花生产、加工、科研、文化、观光和旅游等功能于一体，配套建设茉莉花交易市场，打造“茉莉闻香之旅”。针对生态资源保护较好的村庄，因这类村庄田园风光较为突出，生态资源保护性较好，适合开发深层次的“旅游经济”，依托休闲农业和文化旅游产业，带动农业观光与体验产业发展，同时以手工艺品销售为载体，带动手工艺品加工，突出品牌效应。如贵州省水甫村，以生态旅游为核心，打造乡愁民宿度假庄园，带动铁皮石斛药材培育、特色养牛产业发展，促进一二三产业协同发展。

人口回流——逆转村庄空心化的发展趋势，吸引返乡创业人群和外地游客，以人才振兴带动村庄复兴。乡村产业聚集，带动人口回流，形成新的人口聚集，打造成为新的“现代农民”体系。现代农民主要包括拥有户籍、拥有土地的“原住民”，拥有户籍、进城后返乡的二代农民，农业产业升级带来的新型职业农民，从事创新创客的“情怀乡民”，以养生养老为目的的“回归乡民”。以多元化的人群集聚为依托，为乡村注入创新的科技要素，带动村庄各类人才发展，将城市人口、创客文化带到村庄，促进外来消费，激发乡村的多元业态发展，建立起村庄人口发展新模式。

用地优化——促进农村土地高效利用，实施“增减挂钩”政策，切实解决乡村建设发展的用地制约。关于闲置土地利用，由于城市化的发展、宅基地制度本身的设计和运行缺陷、监管的不到位与传统文化的影响等因素，造成了大量的农村宅基地和房屋的闲置，并且已经形成相当的规模和比例。目前，全国对宅基地的治理模式主要是上海市、浙江省的宅基地置换模式，天津市的宅基地换房模式，以及成都市的联合建房模式和重庆市的“双置换”模式。通过以上几种治理模式，实现有效节约农村土地，促进城镇化快速发展，但都处于试点阶段，没有统一的法律规定予以规范，社会保障制度也不健全。

知识链接

易地扶贫搬迁

1. 什么是易地扶贫搬迁?

易地扶贫搬迁是通过国家政策扶持，让居住在“一方水土养不起一方人”地方的贫困群众搬迁到条件较好的地方居住，按规划、分年度、有计划组织实施，实现迁入地在交通、医疗、文化教育等生产生活条件有明显改善，迁出区生态环境有效恢复，有利于贫困群众创业、就业，逐步提高收入水平和生活质量，确保搬得出、稳得住、有事做、能致富。

易地扶贫搬迁是习近平总书记提出扶贫工作的“五个一批”中的一个重要方面。

“一方水土养不起一方人”地方是指:(1)生存环境差、人地矛盾突出、不具备基本生产生活条件的地方;(2)生态环境脆弱、限制或禁止开发的地方;(3)距城镇和交通干道较远、基础设施和公共服务设施难以延伸的地方;(4)贫困发生率高、扶贫成本高的地方;(5)地质灾害、地方病多发、安全隐患较大的地方。

2. 为什么要实施易地扶贫搬迁?

“十三五”是脱贫攻坚、全面建成小康社会的决战决胜时期，为支持和帮助农村贫困群众尽快摆脱贫困，共享改革发展成果，与全国人民同步迈入全面小康社会，党中央、国务院决定加大投入力度，启动和实施新一轮易地扶贫搬迁工程。部分省份一些农村人口居住在生存条件恶劣、生态环境脆弱、自然灾害频发、不具备基本发展条件的地方，贫困人口难以实现就地脱贫，即使短暂实现脱贫，返贫率也很高。实施易地扶贫搬迁，有利于从根本上改善他们的生存与发展环境，更好地提供基本公共服务，加快脱贫致富步伐，提升幸福指数和获得感，是解决农村贫困群众脱贫难、发展难、致富难的根本之策。易地扶贫搬迁顺应群众期盼、符合我省实际，是解决“一方水土养不起一方人”问题的根本之策，是实施精准扶贫、精准脱贫的有力抓手，是重大民生工程、惠民工程，体现了各级党委、政府对广大贫困群众的关怀。

3. 开展易地扶贫搬迁需遵循哪些原则?

开展易地扶贫搬迁工作要遵循以下四项原则：一是政府主导、群众自愿。充分发挥政府的主导作用，充分尊重群众意愿和主体地位，不搞强迫命令，防止出现“运动式”搬迁。二是因地制宜、科学规划。立足资源环境特点，积极探索符合当地实际、形式多样、有利于发展的安置方式，科学编制搬迁规划，分年度、有计划组织实施。三是量力而行，保障基本。严格控制安置住房面积，同步配套建设必要的基础设施和公共服务设施，保障搬迁对象生产生活基本需要，不搞政府大包大揽，防止出现因建房致贫返贫。

四是精准施策、创新机制。强化政策引导，鼓励建档立卡贫困人口在自愿基础上应搬尽搬，尽量实现自然村整体迁出。鼓励金融机构通过多种方式提供金融支持，地方政府整合各类资金资源，拓展资金来源渠道。

二、城郊融合类村庄

将城市近郊区以及县城城关镇所在地村庄确定为城郊融合类村庄。《乡村振兴战略规划（2018—2022年）》明确提出“城郊融合类村庄”，指出：“城市近郊区以及县城城关镇所在地的村庄，具备成为城市后花园的优势，也具有向城市转型的条件。综合考虑工业化、城镇化和村庄自身发展需要，加快城乡产业融合发展、基础设施互联互通、公共服务共建共享，在形态上保留乡村风貌，在治理上体现城市水平，逐步强化服务城市发展、承接城市功能外溢、满足城市消费需求能力，为城乡融合发展提供实践经验。”

要强化规划引领，着眼于城乡融合发展，抓紧编制各级乡村振兴规划，实现乡镇、村庄规划管理全面覆盖，做到镇、村按规划建设，农房按规划设计建造，生产生活空间科学合理分离。深化农村改革，以完善产权制度和要素市场化配置为重点，深化农村土地制度改革，深入推进农村集体产权制度等改革，激活主体、激活要素、激活市场。城市近郊区以及县城城关镇所在地的村，加快改造提升，探索建设现代化的农村社区。在产业发展、基础设施、公共服务上全面对接城镇，在形态上保留乡村风貌，逐步增强服务城市发展、承接城市功能外溢的能力。

不同地域农村的差异非常大，不能定“一刀切”的农业农村发展规划指标和目标。要遵循农村经济发展的规律，因地制宜制定符合实际的发展目标。因地制宜、分类推行，这一点是非常重要的，毕竟每个地方有每个地方的特点，必须尊重客观规律。要区别农村的实际情况，防止一哄而上，不顾客观现实，盲目制定高目标。乡村振兴千万不要搞假大空的东西。不能急于一时，各地务必因地制宜、分类推行，不能千篇一律。

望山看水忆乡愁，让美丽乡村、文明乡村成为人们的栖身之所、精神家园，是乡村振兴的题中应有之义。2018 年 9 月，浙江“千村示范、万村整治”工程荣获联合国“地球卫士奖”，一个个乡村奉献了各具特色的“美丽攻略”和“文化宝典”，浦江和安吉甚至被联合国官员称为“未来世界的模样”。的确，绿水青山氤氲着乡土气息，催生着民俗文化，哺育了一方百姓。保护这片家园，就要爱护她的“肌体”与“灵魂”。无论是城郊融合类村庄保留乡村风貌，还是特色保护类村庄全面保护文物古迹，发展路径各有差异，但留住山水、记住乡愁是不变的共性要求。在乡村振兴中呵护绿水青山，是用美丽乡村托起美丽中国，用看得见的乡愁保存文化记忆、涵养乡风文明。[①]

---

① 参见石羚:《绘好乡村“富春山居图”》,《人民日报》2018 年 10 月 18 日。

知识链接

千村示范、万村整治

改善农村人居环境，是以习近平同志为核心的党中央从战略和全局高度作出的重大决策。早在 2003 年，时任浙江省委书记的习近平同志亲自调研、亲自部署、亲自推动，启动实施“千村示范、万村整治”工程（以下简称“千万工程”）。15 年来，浙江省委和省政府始终践行习近平总书记“绿水青山就是金山银山”的重要理念，一以贯之地推动实施“千万工程”，村容村貌发生巨大变化。目前，全省农村生活垃圾集中处理建制村全覆盖，卫生厕所覆盖率 98.6%，规划保留村生活污水治理覆盖率 100%，畜禽粪污综合利用、无害化处理率 97%，村庄净化、绿化、亮化、美化，造就了万千生态宜居美丽乡村，为全国农村人居环境整治树立了标杆。“千万工程”被当地农民群众誉为“继实行家庭联产承包责任制后，党和政府为农民办的最受欢迎、最为受益的一件实事”。2018 年 9 月，浙江“千万工程”获联合国“地球卫士奖”。习近平总书记多次作出重要批示，要求结合农村人居环境整治三年行动计划和乡村振兴战略实施，进一步推广浙江好的经验做法，建设好生态宜居的美丽乡村。为深入贯彻落实习近平总书记重要指示批示精神，中央农办、农业农村部、国家发展改革委在深入调研基础上，会同浙江省有关方面，研究提出了深入学习浙江“千万工程”经验、扎实推进农村人居环境整治工作的意见建议。

——《中央农办、农业农村部、国家发展改革委关于深入学习浙江“千村示范、万村整治”工程经验扎实推进农村人居环境整治工作的报告》

三、特色保护类村庄

《乡村振兴战略规划（2018—2022年）》明确提出“特色保护类村庄”，并作出明确要求：“历史文化名村、传统村落、少数民族特色村寨、特色景观旅游名村等自然历史文化特色资源丰富的村庄，是彰显和传承中华优秀传统文化的重要载体。统筹保护、利用与发展的关系，努力保持村庄的完整性、真实性和延续性。切实保护村庄的传统选址、格局、风貌以及自然和田园景观等整体空间形态与环境，全面保护文物古迹、历史建筑、传统民居等传统建筑。尊重原住居民生活形态和传统习惯，加快改善村庄基础设施和公共环境，合理利用村庄特色资源，发展乡村旅游和特色产业，形成特色资源保护与村庄发展的良性互促机制。”

党的十八大以来，城乡一体化发展的“进度条”在加速。无论是农民收入水平还是农村城镇化水平，都有明显提高，乡村正积蓄着变革的伟力。党的十九大提出“城乡融合”的新方向，更为乡村振兴的“质变”吹响了有力号角。将历史文化名村、传统村落、少数民族特色村寨、特色景观旅游名村等特色资源丰富的村庄，确定为特色保护类村庄。对这类村庄，统筹保护、利用与发展的关系，努力保持村庄的完整性、真实性和延续性。切实保护村庄的传统选址、格局、风貌以及自然和田园景观等整体空间形态与环境，全面保护文物古迹、历史建筑、传统民居等传统建筑。

专家观点

乡村振兴科技示范县规划步骤

中国农科院计划通过实施乡村振兴科技支撑行动，到2020年，创设一批政策制度和技术标准，构建一批因地制宜的综合技术模式，实施若干个县的推进试点，建立30个乡村振兴科技示范县（乡）。乡村振兴科技示范县规划步骤为：第一，编制县域级乡村振兴总体规划，谋划整个县的科技支撑行动；第二，编制专项产业发展规划，梳理各个产业的现状、发展方向、发展目标、需要科技支撑的重点和难点等；第三，围绕粮食、蔬菜、花卉、果树、畜禽等产业，从新品种试验示范、技术集成、信息化、农产品精深加工、废弃物处理、区域品牌和产品品牌打造等方面，对整个产业链进行梳理，并组织制订实施方案；第四，制定生态环境规划，主要包括农业环境和农村生活环境的“双环境”规划。在产业规划和生态环境规划的基础上，中国农科院计划选择1个乡村振兴科技支撑行动的示范村（镇），做好示范村详规并落地实施。

——中国农业科学院研究员 李全新

保护要先摸清家底，立档调查是传统村落保护工作至关重要的一步，但最终的问题还是要留得住人，如果没有人住，村规、民俗、村里的历史记忆就将消失，“乡愁”也就不复存在。全世界没有任何一个除中国之外的国家对自己国内的传统村落进行认定。我们要为中国传统村落建立档案，要用标准化的手段记录传统村落，盘清我们的家底，将之以档案的形式留给后人，这是一项历史性的工作。传统村落绝不仅仅是个建筑景观，那里有我们中华民族对传统家园的精神需要，是根性的、母体的需要。[①] 历史文化特色明显、自然资源丰富的村，应注重保持自然风貌，保护历史文化资源和建筑风格，传承民风民俗。合理开发文化、民俗、康养等特色旅游产业，促进特色资源保护与农业农村发展有机融合。传统村落保护不是违背社会发展的“复古”，而是兼顾传统文化传承与村落经济发展。因此，必须改善村民的生活条件，让他们享受到现代科技的便利，在当地能够获得生活来源，人们才会愿意继续留在村子里。当然，在引入先进生活设施的同时，还要保证村落原有的结构基础不被破坏。

近年来，全国各地的摄影家、民间文艺工作者及众多志愿者走进传统村落，抢救记录着其中的各种原生态的物质和非物质文化遗产。河北省是其中的代表。正如河北省民间文艺家协会主席郑一民所说：“河北的传统村落立档调查是众多一线普查者用心血和汗水铸就的。”他们不仅完成了国家规定的 39 个传统村落立档调查任务，还抢救发掘出 160 个传统村落。如今，河北在传统村落立档调查中采录的文字资料已达 500 余

---

① 参见李韵、杨杉：《传统村落保护：留住“活态”的村庄》，《光明日报》2015 年 6 月 23 日。

万字，拍摄图片 21 万余张。以这些资料为基础，河北省举办了“可以触摸的乡愁——河北省历史名村名镇名城风采展”，还编撰出版了《河北省传统村落图典》。在河北省沙河市王硇村，一座座明清时期留下的古老石楼如同城堡一样，结构坚固。街巷、楼阁、雕刻、门楼都保存完好。很多石楼门口挂着抗日旧址的牌子，里面陈列着古老的家具、农具，变成了民俗博物馆。村子里多户人家将自家的老房子变成农家饭店、农家旅馆，开门营业。[①] 村党支部书记王现增说：“过去村民们种植的土特产品，用肩挑、驴驮到外面也卖不出去，现在每天到王硇村参观游玩的客人络绎不绝，土特产不用出村，就有游客高价买去。经过这些年对古村的保护和利用，乡亲们从中看到了希望，尝到了甜头，得到了实惠。”

专家观点

资金不足是传统村落保护的掣肘因素

从 2014 年起，中央财政在三年内投入百余亿元集中用于传统村落保护，这无疑为此项工作注入了强大的力量支持。资金的来源不能仅仅依靠国家，而且应该由四方面组成：第一是国家拨款，第二是地方配套资金，第三是社会各界的支持，第四是老百姓自己的觉悟。必须有这四方面的努力，传统村落才会更有希望。竭尽全力保存下来的传统村落及其文化，主要是为生活在其中的人准备的，而不是用来给别人看的。文化只有首先被它的拥有者热

① 参见李韵、杨杉：《传统村落保护：留住“活态”的村庄》，《光明日报》2015 年 6 月 23 日。

爱才会传承，要保护好传统村落，必须发挥村民的力量。对传统村落的保护和利用应该是“活态”的，必须让人住在里面才能保持村落的生机和活力。目前因为年轻人纷纷外出打工，“空巢村”越来越多，“留不住人”成为传统村落保护面临的一大难题。没有人住的村庄是没有生命的。全国多数地区的传统村落保护均“自上而下”，忽略了村民这一村落保护与发展的主体。保护文化遗产的道路，像一篇长长的永远写不完的文章，只有逗号，没有句号。

——冯骥才

四、搬迁撤并类村庄

《乡村振兴战略规划（2018—2022年）》对“搬迁撤并类村庄”作出明确要求：“对位于生存条件恶劣、生态环境脆弱、自然灾害频发等地区的村庄，因重大项目建设需要搬迁的村庄，以及人口流失特别严重的村庄，可通过易地扶贫搬迁、生态宜居搬迁、农村集聚发展搬迁等方式，实施村庄搬迁撤并，统筹解决村民生计、生态保护等问题。拟搬迁撤并的村庄，严格限制新建、扩建活动，统筹考虑拟迁入或新建村庄的基础设施和公共服务设施建设。坚持村庄搬迁撤并与新型城镇化、农业现代化相结合，依托适宜区域进行安置，避免新建孤立的村落式移民社区。搬迁撤并后的村庄原址，因地制宜复垦或还绿，增加乡村生产生态空间。农村居民点迁建和村庄撤并，必须尊重农民意愿并经村民会议同意，不得强制农民搬迁和集中上楼。”

（一）需要搬迁安置的五类村庄

将位于生存条件恶劣、生态环境脆弱、自然灾害频发等地区的村庄，因重大项目建设需要搬迁的村庄，以及人口流失特别严重的村庄，确定为搬迁撤并类村庄。

第一类：生存条件恶劣的村庄。有些村庄处于荒漠化地区或者较为偏僻的山区，不仅仅是交通不方便，生活条件也较为恶劣，发展空间也不大，出于对农民的安全和经济的考虑，将这些村庄优先搬迁撤并，所以被纳入未来五年的搬迁撤并范围。我们国家的一些自然村，有的可以算是世外桃源，但是不得不说，也有一些村庄的生存条件恶劣。生活在这里的人们，不仅外出很艰难，在教育、医疗、就业等方面非常不便。例如，四川省的支尔莫乡阿土勒尔村，就是一座“悬崖村”，村里通向外界，此前需要顺着悬崖断续攀爬 17 条藤梯，目前已经建成了梯子，方便了一些。

第二类：生态环境脆弱的村庄。在中西部地区，的确有很多这样的村庄，由于历史原因，很多村民自出生就在这些生态环境极其脆弱的地区生活，这些生态环境变化明显的区域也会被纳入搬迁撤并范围。

第三类：自然灾害频发的村庄。这类村庄因常年有自然灾害发生，严重威胁农民的财产和人身安全，所以这类村庄被纳入搬迁撤并计划。我们国家幅员辽阔，一些农村处于自然灾害频发的地理位置。这类村庄不适合建设，也不适合村民居住，未来将是搬迁的重点村庄。

第四类：因重大项目建设需要搬迁的村庄。因为高铁建设或其他重大项目需要征迁农民的土地和住宅，一些村庄也将被列入搬迁撤并的计划。一般来说，这类村子拆迁时，国家也会有相应的补助，并且通过易地搬迁的方式妥善安置这部分村民。

第五类：人口流失特别严重的村庄。改革开放后，大量农民来到城市工作或生活。农村的耕地只能留给老人耕种或让其他村民进行代耕。但是如今城镇化越来越快，很多农村出现了空心村或是一个村子只有几个人的情况。所以这类村子将会被裁撤掉，村子里的人也将进行易地搬迁，或融入新的村子。

（二）搬迁分期推进原则

1. 近期迁建村庄：生存条件极度恶劣的村庄

这类迁建型村庄，应以政府投资为主导，根据具体情况有步骤、有计划地采取整体搬迁、局部搬迁等搬迁措施。搬迁村庄要慎重选址，向条件优越的地区搬迁，避免二次搬迁。同时，将改善农民生存条件和提供农民就业出路统筹考虑，促进搬迁农民致富，并采取有效措施保护搬迁村农民和村集体的合法权益。

在搬迁目的地选择方面：一是具有可操作性，尽可能在同一行政辖区内统筹；二是充分考虑搬迁地农民的经济能力、技能特点、文化习惯等，选择能够促进与当地农民融合、能够发挥搬迁农民技能、促进就业的地区作为接收地；三是选择发展条件好、限制条件少、相对富裕、能够长期稳定发展的地区作为搬迁的目的地。

2. 逐步迁建村庄：生态环境脆弱、自然灾害频发的村庄

这类村庄包括位于超标洪水分洪口门、地表水源一级保护区、自然

保护区核心区、风景名胜区特级保护区、规划钉桩绿地、地质遗迹一级保护区、污水处理场、垃圾填埋场、垃圾焚烧场、堆肥场、粪便处理场防护区内的村庄。

逐步迁建村庄，原则上由政府主导，建立生态补偿机制，采取多种迁建途径，逐步改善生态环境；原则上搬迁到保留并重点发展的村庄，也可根据农民意愿部分迁入城镇。

3. 引导迁建村庄：人口流失严重，以及城镇规划建设区周边的村庄和村庄建设用地规模特别小的行政村

引导迁建村庄，原则上由政府主导，根据农民意愿，通过市场化运作与配套政策相结合的方式，采用土地置换等多种方式和措施，合理安排建设时序，逐步引导村民向城镇或保留并重点发展的村庄聚集，将村庄搬迁与新型城镇化发展相结合，在原址上进行城镇周边绿色空间建设或山区绿化建设，保持良好的城镇整体的空间环境和建设容量。

专家观点

乡村振兴不是要求所有村都千篇一律

乡村振兴不是要求所有村都千篇一律，需要因地制宜，根据村庄特色采取不同的发展模式。发展同时要注重与绿色相结合，从效率、和谐、持续等方面出发，解决目前存在的粗放无序的问题。跳出土地谈土地，回到公平和效率的角度，才能有效缓解城乡之间、区域之间发展不平衡不充分的问题。在以前做的规划中对

如何把绿色理念与村庄发展结合起来缺乏考虑，今后的规划应多从系统化的角度思考，把绿色与现代化的目标相结合，把绿色与农业、农村、农民、农地“四农”问题相结合，把绿色与国土综合整治相结合。乡村振兴战略的逻辑起点是乡村地位的强化、要素的集聚和制度的完善，内涵包括“一个主体”“一条底线”“一大体系”“一种特色”，村级绿色土地利用规划应以绿色优先为核心要求，秉持“绿色 +”系统化利用理念，统筹数量、空间和时序维度的绿色人地关系系统，遵循“绿色 +”现代化发展目标，助力第二个百年奋斗目标实现，聚焦“绿色 +”“三农”问题的规划内涵，以农民为根本，以农村为基石，以农业为源泉，以“绿色 +”国土综合整治为规划实施手段，推进田水路林村镇生产生活空间和山水林田湖草生态空间综合整治。

——中国人民大学教授　严金明

河北省从 2016 年起计划在五年内撤并 13387 个村。按照中共河北省委、河北省人民政府出台的《关于加快推进生态文明建设的实施意见》，到 2020 年，对 13387 个撤并村整合资源，有序整治。哪些村将被撤并呢？一是对不具备生产生活条件、影响自然生态保护和生态功能增强的村，实行生态移民。二是对空心率超过 50%、剩余户少于 100 户的空心村，实施搬迁整治。三是开发有市场价值的空心村，组建农宅合作社，建设乡村酒店，用于养老或休闲度假。四是对纳入城市规划的村，要结合新型城镇化进行改造建设，将一部分改成城市社区，按照城市社区的标准来建设和管理；将一部分建成城中的美丽乡村，为城市居民提供就近休闲度假之所。五是对即将自然消亡的村，原则上不再新建设项目、批宅基地。对于看不准的村庄，可暂时不做分类，留出足够的观察和论证时间。统筹考虑县域产业发展、基础设施建设和公共服务配置，引导人口向乡镇所在地、产业发展集聚区集中，引导公共设施优先对集聚提升类、特色保护类、城郊融合类村庄配套。

延伸阅读

1. 顾保国:《幸福论：中国共产党人始终不变的初心和使命》，中共中央党校出版社 2019 年版。

2. 罗高波:《中国城镇化——历史借鉴、国际融合与本土实践》，中国建筑工业出版社 2017 年版。

3. 王珂、张晶:《“多规融合”探索——临安实践》，科学出版社 2017 年版。

深度思考

1. 中西部地区如何借鉴浙江特色小镇建设的经验，确保特色小镇建设沿着健康的轨道快步前进?

2. 特色小镇与特色小城镇有何联系与区别?

3. 除了集聚提升类、城郊融合类、特色保护类和搬迁撤并类这四类村庄外，是否还存在其他类型的村庄?

第八章

拓展空间，完善农村公共基础设施

党的十八届五中全会审议通过的《中共中央关于制定国民经济和社会发展第十三个五年规划的建议》明确提出“用发展新空间培育发展新动力，用发展新动力开拓发展新空间”，并对“拓展基础设施建设空间”作出了系统的安排部署。这是党中央科学把握现代化发展规律、着眼于全面建成小康社会作出的重大战略部署。拓展基础设施建设空间，是“十三五”时期我国经济社会发展的一项重大任务。在全面建成小康社会决胜阶段，拓展发展新空间、塑造区域发展新格局，要求切实发挥基础设施建设的引导作用。应从科学发展的视角，深刻认识拓展基础设施建设空间的重大意义和深远影响。[①] 继续深入学习贯彻党的十八届五中全会精神，大力拓展农村公共基础设施建设空间，为乡村振兴提供坚实基础和重要支撑。

全面建成小康社会，是实现社会主义现代化和中华民族伟大复兴中国梦的阶段性战略目标。基础设施建设具有先导性，不仅要满足当前需求，还要为未来经济社会发展留有空间。从当前发展来看，拓展基础设施建设空间，可以有效发挥基础设施建设投资对经济增长、民生改善的关键作用，服务扩大有效投资和稳定经济增长目标，加快形成引领经济发展新常态的体制机制和发展方式。从“十三五”时期来看，立足补短

① 参见杨传堂：《拓展基础设施建设空间》，《人民日报》2015 年 11 月 24 日。

板、保基本、兜底线，拓展基础设施建设空间、完善基础设施网络，有利于推进基础设施领域基本公共服务均等化，促进区域城乡协调发展，带动农村贫困人口脱贫，服务全面建成小康社会目标。[①] 从中长期发展来看，拓展基础设施建设空间，对标国际一流率先实现现代化，有利于助推经济社会现代化和中华民族伟大复兴中国梦的实现。

一、农村公共基础设施建设现状

如果按照服务的性质划分，农村公共基础设施可以分为生产性基础设施、生活性基础设施、人文基础设施以及流通性基础设施四大类。生产性基础设施主要包括防洪涝设备、水利灌溉、田间道路、气象设施、农业机械设备等为农业生产服务的设施或设备，是为农村增加物质资本、提高生产力服务的设施。生活性基础设施主要包括农村电网、垃圾处理厂、污水处理设施、人畜饮水设施、供热燃气设施等，是为广大农村居民生活提供服务的设施。人文基础设施则是用于提高农民素质、丰富农民生活的公益设施，如教育、医疗、文化娱乐等设施。而流通性基础设施主要包括乡村道路、农村通信、用于农产品销售以及农村生产资料购买的流通辅助设施。[②] 农村基础设施建设目前还存在诸多问题。

一是乡村道路建设质量较差。贫困地区通达、通畅任务仍然艰巨，目前不通硬化路的乡镇和村庄，大多处于山大沟深困难地区，投资大、

① 参见杨传堂:《拓展基础设施建设空间》,《人民日报》2015 年 11 月 24 日。
② 参见邹蕴涵:《我国农村基础设施建设现状及存在的主要问题》，国家信息中心网 2017 年 10 月 20 日。

建设难度大。同时，经济欠发达或刚脱贫地区道路网化任务也很重。更为重要的是，道路养护和管理任务重。前期建成的公路标准较低，抗灾能力较弱，缺桥少涵，安全设施不到位，养护投入严重不足，一些地方已出现“油返砂”现象。

二是农村电网设备差且用电成本高。农村电力设备陈旧落后，这是农村电网最严重的问题。变压器大多数已严重老化、能耗高、性能差。导线截面基本偏小，表箱、接户线锈蚀严重、绝缘性能差。有些电线杆破损十分严重，已处于危险状态。一旦遇到刮风打雷下雨就发生断电，这不仅使供电不正常，而且容易引发安全事故。此外，农村电网电能质量差，电压偏低问题尤为严重。引起电压偏低的原因是多方面的，但主要是由于没有将配电变压器布置在负荷中心，用电时间集中、季节性强以及供电半径超出范围、迂回线多造成的，而这些原因的存在都是因为前期规划不到位引起的。

三是农村集中式供水比例仍然很低。虽然当前我国农村人畜饮水环境得到了很大改善，但是集中式供水仍属少数，农村自来水普及率仍然相对较低。以沿海发达地区的广东省为例，广东省行政村自来水覆盖率、农村自来水普及率、农村生活饮用水水质合格率仍然达不到 90%，未能建成覆盖全省的农村供水安全保障体系。

四是农村互联网普及率远低于城镇。国家互联网信息中心的统计显示，城镇地区互联网普及率远远超过农村地区，城乡差距仍然较大。同时，农村网民上网设备主要是手机，农村网民上网地点与城镇网民上网地点相比存在较大差异。

五是农村流通设施建设严重滞后。当前，农村超市数量不足情况突出，农贸市场和批发市场缺少专业的储存场所、销售场所简陋的情况也不鲜见。相关调查表明，2017 年只有大概 41.7% 的农产品批发市场建有冷库，11.1% 的农产品批发市场配备了冷藏车，12.9% 的农产品批发市场有陈列冷柜。由此导致大概 70% 的肉、80% 的水产品以及大部分牛奶和豆制品无法进入冷链系统。①

专家观点

加快提升基础设施现代化水平

要用发展空间培育发展新动力，实施重大公共设施和基础设施工程。实施网络强国战略，加快构建高速、移动、安全、泛在的新一代信息基础设施。加快完善综合交通基础设施网络，构建由高速铁路、城际铁路、高速公路、民航机场等构成的快速交通网，提升基础设施网络品质，满足不断增长的快速运输需求。构建由干线铁路、普通国省道、沿海主要港口、内河高等级航道及主要港口等构成的高效率干线交通网，完善基础设施网络结构，提升运输服务能力。集约建设综合客运枢纽和货运枢纽，强化各种运输方式的有效衔接。推动邮政和快递处理中心与铁路、公路、航空枢纽同步建设，推进机场、铁路站场、公路站场、港口码头、邮政和快递功能区设施建设。加快完善水利、管道等基础设施网络。加强城市公共交通、供水供电供气地下管网和防洪防涝等设

① 参见邹蕴涵：《我国农村基础设施建设现状及存在的主要问题》，国家信息中心网 2017 年 10 月 20 日。

施建设。要通过发展新动力开拓发展新空间，重点发挥投资对经济增长、民生改善的关键作用。深化投融资体制改革，扩大有效投资，优化投资结构。发挥财政资金撬动功能，创新融资方式，带动更多社会资本参与投资。创新公共基础设施投融资机制，推广政府和社会资本合作模式。面向国内外资本，加快开放自然垄断行业，发挥竞争性优势，深化体制机制改革。

——第十三届全国政协副主席、交通运输部党组书记 杨传堂

“十三五”时期，应牢固树立创新、协调、绿色、开放、共享的发展理念，厘清发展思路，明确发展目标和要求，找准发展的着力点，进一步推动基础设施建设。拓展基础设施建设空间，内容包括信息、能源、电信、水利等基础设施，铁路、公路、水运、民航、管道、邮政等构成的综合交通基础设施网络，城市供水供电供气地下管网和防洪防涝设施等。拓展基础设施建设空间，要与培育发展新动力、深入实施创新驱动发展战略、构建产业新体系、形成发展新体制等主要任务一并考虑，与拓展国土发展空间、拓展产业发展空间等统筹起来，与扩大开放、加强合作、共赢共建共享统一起来，探索拓展发展新空间的路径、方式和举措。[①]

① 参见杨传堂:《拓展基础设施建设空间》,《人民日报》2015 年 11 月 24 日。

知识链接

什么是公共基础设施

公共基础设施，是指为公众设置的，公众都可以共享，不允许某个人独占或排他的一些基础性设施，如医疗机构、教育机构、道路桥梁等。其特点是具有公益性、垄断性、收费性、竞争性。农村公共基础设施是为发展农村生产和保证农民生活而提供的公共服务设施的总称，包括交通邮电、农田水利、供水供电、商业服务、园林绿化、教育、文化、卫生事业等生产和生活服务设施。它们是农村中各项事业发展的基础，也是农村经济系统的一个重要组成部分，应该与农村经济的发展相协调。农村基础设施包括：农业生产性基础设施、农村生活基础设施、生态环境建设、农村社会发展基础设施四个大类。

二、扩大公共财政覆盖农村的范围

应该看到，在实施乡村振兴战略的进程中，财政发挥着非常重要的作用。财政是实施乡村振兴战略的重要政策工具和手段。财政为农村各项事业发展提供财力保障，通过预算收支安排调节乡村振兴中各方的利益关系，通过财政直接支出、税收、补贴和政府采购等各种政策手段支持国家各项“三农”政策顺利实施，这充分体现出财政在乡村振兴中的政策性和工具性作用。[1] 更好实施乡村振兴战略，就要构建良好的财政运行机制，灵活运用财税手段和相关政策，建立适应乡村振兴战略的财政投入和保障制度，调整和优化财政收支规模和结构，提高财政涉农资金配置和管理的效率。要建设有利于乡村发展的财政制度，构建财力保障机制，强化制度性供给，优化乡村治理格局。

可以从以下几个方面着手：一是构建推进乡村振兴战略的财力保障机制。要坚持把农业农村作为财政支出的优先保障领域，进一步加入财政对“三农”的支持力度，确保农业农村投入规模适度扩大和比例有所提高；创新财政投融资机制，形成财政、金融、社会和农民的多元化投入格局；要优化财政供给结构，加快建立涉农资金统筹整合长效机制，改变过去财政涉农资金使用和管理碎片化的情况，以绩效管理为抓手，提高财政涉农资金的使用效率。

二是推进城乡融合发展体制机制建设，强化对乡村振兴战略的制度性供给。一方面，在明确中央、省、市、县政府在城乡基本公共服务均等化中的责任与事权的基础上，适度扩大县级政府的财权，综合衡量地方财政收入能力及公共产品提供责任，科学核定财政转移支付标准，适当提高一般性转移支付在财政支出中的比例，推进纵向和横向的均等化，为农村经济发展和基本公共服务供给提供财力保障。另一方面，要通过税收、补贴等政策手段，优化收入分配格局，调节城乡和区域收入差异，加强对农民和贫困人口的支持。同时，继续推动城乡义务教育一体化发展，着力提高农村义务教育质量；完善城乡居民基本养老保险制度，着力增加农民基础养老金；完善统一的城乡居民基本医疗保险制度和大病

① 参见闫坤：《创新财政体制机制 助力乡村振兴》，《经济日报》2018 年 7 月 26 日。

保险制度，着力提高农民的报销比例；统筹城乡社会救助体系，着力提高农村低保标准和扩大覆盖面等。

三是通过财政引导构建多元共治的乡村治理格局。乡村振兴是一项系统性工作，财政要将坚持自治、法治、德治相结合的原则有机嵌入乡村治理的实践中。在乡村治理主体上，要探索财政金融互动模式，推动金融和社会资本投入乡村；通过财政奖补和一事一议等方式，激励和推动村委会和村民共同参与建设乡村公共事业；培育各类专业化、市场化服务组织，推动农业生产全程实现社会化服务；切实建立健全村级财政的体制机制，增强村委会作为群众性自治社会组织的自主性和独立性。在乡村治理行为上，财政不仅要支持各主体的发展，还要引导政府和其他主体的行为。要将财政转移支付资金的重点引向农村基础设施和公共服务等基础领域、民生领域；财政补贴等农业支持政策要对完善市场机制发挥更大作用；以绩效管理为抓手，完善财政考核功能，健全财政资金监管体制。①

总之，财政要发挥社会整合和价值引导作用，最终形成包括政府、市场、社会、农民、新型农业经营主体和村委会等多元主体参与的，激励相容、良性互动的乡村治理制度框架，优化乡村治理体系和提升乡村治理能力。

---

① 参见闫坤：《创新财政体制机制 助力乡村振兴》，《经济日报》2018年7月26日。

知识链接

什么是财政投融资

财政投融资，是指政府为实现一定的产业政策和财政政策目标通过国家信用方式把各种闲散资金（特别是民间的闲散资金）集中起来，统一由财政部门掌握管理，根据经济和社会发展计划，在不以营利为直接目的的前提下，采用直接或间接贷款方式，支持企业或事业单位发展生产和事业的一种资金活动。财政投融资是一种政策性投融资，它不同于一般的财政投资，也不同于一般的商业性投资，而是介于这两者之间的一种新型的政府投资方式。财政投融资作为市场经济条件下政府配置资源的重要实现途径，在促进经济有效增长、调整和改善经济结构、强化宏观调控能力等方面都具有独特的功效。随着我国市场经济的日渐完善和公共财政框架的逐步确立，原有财政投融资体制的问题日益突出，亟须对其进行改革。

三、立足乡村文明，增强乡村治理能力

围绕促进文化振兴，加快建设现代乡村文明，乡村振兴既要塑形，也要铸魂。孝老爱亲、扶危济困、诚实守信、邻里守望等优秀传统文化，是新时代提振农村精气神的宝贵财富。近些年来，少数农村地区天价彩礼、薄养厚葬等不良风气盛行，有的地方农村黑恶势力、宗族势力抬头，

严重影响了乡村社会风气。推进乡村文化振兴，要大力传承弘扬优秀传统文化，努力推动社会主义核心价值观融入乡村，转化为农民的情感认同和行为习惯，推进移风易俗，培育文明乡风、良好家风、淳朴民风，使乡村真正成为具有乡土气息、传承乡村文明的幸福家园。[①] 促进文化事业繁荣发展，培养引进文化人才，加强历史文化街区和古镇古村落保护，加强非物质文化遗产保护传承和开发利用。开展全民阅读活动，加快建设文化精品工程，提升文化产业竞争力。

知识链接

构建基层社会治理新格局

完善群众参与基层社会治理的制度化渠道。健全党组织领导的自治、法治、德治相结合的城乡基层治理体系，健全社区管理和服务机制，推行网格化管理和服务，发挥群团组织、社会组织作用，发挥行业协会商会自律功能，实现政府治理和社会调节、居民自治良性互动，夯实基层社会治理基础。加快推进市域社会治理现代化。推动社会治理和服务重心向基层下移，把更多资源下沉到基层，更好提供精准化、精细化服务。注重发挥家庭家教家风在基层社会治理中的重要作用。加强边疆治理，推进兴边富民。

——《中共中央关于坚持和完善中国特色社会主义制度、推进国家治理体系和治理能力现代化若干重大问题的决定》

① 参见韩长赋：《实施乡村振兴战略 推动农业农村优先发展》，《人民日报》2018 年 8 月 27 日。

以实施加强乡村社会治理为抓手，促进农村社会充满活力、和谐有序。乡村振兴，乡风文明是保障，治理有效是基础，必须在提升农民精神风貌、创新乡村治理机制上下功夫。加强农村思想道德建设。持续兴起学习贯彻习近平新时代中国特色社会主义思想热潮，大力倡导社会主义核心价值观，弘扬革命传统文化，传承红色基因，凝聚健康向上的正能量。全面开展文明村镇创建行动，完善村规民约，健全红白理事会，培育勤俭节约的文明新风。①

把提高脱贫质量放在首位，推广园区带动、龙头企业带动、农民合作社带动、经营大户带动和贫困群众自主发展产业的“四带一自”产业扶贫模式，加强就业扶贫驿站、扶贫车间建设。推动乡村全面振兴。实施乡村振兴战略5句话20个字，“五位一体”，不仅是经济振兴，还要把农村政治、文化、社会、生态文明建设和党的建设作为一个有机整体，统筹谋划、协调推进。在做好乡村振兴工作的同时，还要在农村广袤土地上宣传好医疗和文化事业。

专家观点

加快提升基础设施互联互通水平

加快基础设施互联互通和国际大通道建设，共同推进国际经济合作走廊建设。加强内陆沿边地区口岸和基础设施建设，开辟多式联运跨境交通走廊。在多边双边合作框架下，积极增加便利

① 参见王东峰：《学习贯彻习近平总书记“三农”思想谱写燕赵乡村振兴新篇章》，《人民日报》2018年3月30日。

货物和人员运输协定过境站点、运输线路，加快构建便利运输网络。加强与周边国家和地区的跨境物流体系和走廊建设，推动形成国际物流大通道。完善民航国际航线设置，重点开辟和发展中远程国际航线。支持工程建设企业扩大对外投资合作，加快中国装备、技术、标准和服务走出去。鼓励、支持、引导国内企业通过投资、参股、长期租赁等方式参与海外港口建设和经营，积极参与开辟新的海上航线。推进铁路技术咨询、建设施工、装备制造、运营管理等全方位对外合作。拓展国际航空运输市场，推进与东盟国家航空一体化，积极参与"一带一路"沿线国家适宜条件的机场管理。推进快递业跨境发展。启动实施重构国际道路运输管理与服务信息系统，全面推进口岸信息化，并以"一带一路"沿线国家为重点推动跨国物流信息互联共享。

——第十三届全国政协副主席、交通运输部党组书记 杨传堂

四、建立健全有利于城乡基础设施一体化发展的体制机制

把公共基础设施建设重点放在乡村，坚持先建机制、后建工程，加快推动乡村基础设施提档升级，实现城乡基础设施统一规划、统一建设、统一管护。

（一）建立城乡基础设施一体化规划机制

以市县域为整体，统筹规划城乡基础设施，统筹布局道路、供水、供电、信息、广播电视、防洪和垃圾污水处理等设施。统筹规划重要市

政公用设施，推动向城市郊区乡村和规模较大中心镇延伸。推动城乡路网一体规划设计，畅通城乡交通运输连接，加快实现县乡村（户）道路联通、城乡道路客运一体化，完善道路安全防范措施。统筹规划城乡污染物收运处置体系，严防城市污染“上山下乡”，因地制宜统筹处理城乡垃圾污水，加快建立乡村生态环境保护和美丽乡村建设长效机制。加强城乡公共安全视频监控规划、建设和联网应用，统一技术规范、基础数据和数据开放标准。

（二）健全城乡基础设施一体化建设机制

明确乡村基础设施的公共产品定位，构建事权清晰、权责一致、中央支持、省级统筹、市县负责的城乡基础设施一体化建设机制。健全分级分类投入机制，对乡村道路、水利、渡口、公交和邮政等公益性强、经济性差的设施，建设投入以政府为主；对乡村供水、垃圾污水处理和农贸市场等有一定经济收益的设施，政府加大投入力度，积极引入社会资本，并引导农民投入；对乡村供电、电信和物流等经营性为主的设施，建设投入以企业为主。支持有条件的地方政府将城乡基础设施项目整体打包，实行一体化开发建设。

（三）建立城乡基础设施一体化管护机制

合理确定城乡基础设施统一管护运行模式，健全有利于基础设施长期发挥效益的体制机制。对于城乡道路等公益性设施，将管护和运行投入纳入一般公共财政预算。明确乡村基础设施产权归属，由产权所有者建立管护制度，落实管护责任。以政府购买服务等方式引入专业化企业，提高管护市场化程度。推进城市基础设施建设运营事业单位改革，建立独立核算、自主经营的企业化管理模式，更好履行城乡基础设施管护责任。

延伸阅读

1. 中共中央党史和文献研究院：《十九大以来重要文献选编》（上），中央文献出版社2019年版。

2. 郜彗：《农村人居生态基础设施关键技术与管理》，科学出版社2019年版。

3. 金颖若、于开锋：《基于科技支撑的西部乡村公共文化服务长效机制建设》，贵州大学出版社2017年版。

深度思考

1. 40年前，安徽省小岗村拉开中国农村改革的大幕，这对当下实施乡村振兴战略有何启示？

2. 我国乡村差异显著，如何进一步发掘和提高乡村的独特价值和增强多元功能？

3. 如何应对村庄空心化和农村老龄化、延续乡村文化血脉、完善乡村治理体系的艰巨任务？

第九章

建立体系，构建现代农业生态圈

农业农村农民问题是关系国计民生的根本性问题，没有农业农村的现代化，就没有国家的现代化。在此背景下，党的十九大首次提出实施乡村振兴战略，以农业农村优先发展作为新时代实现农业农村现代化的重大原则和方针，强调建立健全城乡融合发展体制机制和政策体系，为我们构建新型工农城乡关系指明了方向。加快农业现代化，要把当代最新技术推广应用到农业生产的全过程，用先进的机械设备武装农业，发展节水灌溉。通过土地承包权入股，发展股份合作制和各类农业公司，使农民成为农业合作社和农业公司的所有者和劳动者，既获得劳动报酬，又获得股权分红。通过农业经营主体的创新，提高对新技术的吸纳能力、新产品开发能力和对国内外市场的应变能力，改变现有农业经营主体规模狭小、素质不高、抗风险能力差的状况。要通过体制创新推动传统农业向现代农业的转变。[①]

一、建立科学系统的农业制度体系

据测算，北方单季农业地区，平均每个劳动力种 100～120 亩地，中南部双季农业地区，平均每个劳动力种 50～60 亩地，农业劳动生产率才

① 参见郑新立：《抓住社会主要矛盾 推动城乡融合发展》，《中国井冈山干部学院学报》2018 年第 2 期。

能赶上社会平均水平。“农民才能真正成为一个体面的职业”。在人多地少的基本国情下，除了继续加快农业劳动力向非农产业转移、农村人口向城镇转移之外，就要提高农产品的附加值，发展花卉、药材、果蔬等劳动密集型农产品，继续提高畜牧养殖业在农业中的比重，通过出口劳动密集型农产品，换回一部分饲料、粮食等资源密集型农产品。也就是说，要加快发展规模化、社会化、专业化、现代化农业。

有人从发达国家农业现代化的历史经验出发，认为中国的农业现代化还需要几十年时间，可以慢慢来。这是没有看到当前我国工业化、城镇化进展已经为农业现代化提供的良好条件和机遇，低估了加快农业现代化的潜力，低估了中国的后发优势。没有农业的现代化，没有城乡居民收入差距的迅速缩小，中国的现代化和跨入高收入国家行列是不可能实现的。当前社会主要矛盾的变化，将动员全党和全国人民把注意力放在解决这一主要矛盾上，集中力量实施乡村振兴战略，农业现代化和农民收入必将出现一个前所未有的快速增长局面。[①]

以实施农业供给侧结构性改革为抓手，推动农业高质量发展。农业大而不强，根子在结构上，出路在供给侧，必须把握推动高质量发展的根本要求，努力实现由农业大国向农业强国转变。着力推进农业结构调整。坚持质量兴农、绿色兴农，在提高粮食综合生产能力、确保国家粮食安全的基础上，适应消费结构和市场需求的变化，进一步优化农业种植养殖结构和区域布局，提高绿色优质高效农产品供给能力。建立健全全产业链标准体系，加快现代农业园区、示范家庭农场、农民合作社示

① 参见郑新立：《抓住社会主要矛盾 推动城乡融合发展》，《中国井冈山干部学院学报》2018 年第 2 期。

范社的标准化生产。着力发展现代都市型农业和特色高效农业。瞄准市场，积极推进农业绿色化、优质化、特色化、品牌化，重点打造特色农产品生产基地。完善农产品质量追溯体系，实行从田间到餐桌的一条龙管理，确保老百姓“舌尖上的安全”。[①]

知识链接

什么是新型农业经营体系

新型农业经营体系，是指以大力培育发展新型农业为经营主体，逐步形成以家庭承包经营为基础，以专业大户、家庭农场、农民合作社、农业产业化龙头企业为骨干，其他组织形式为补充的新型农业经营体系。构建新型农业经营体系，大力培育专业大户、家庭农场、专业合作社等新型农业经营主体，发展多种形式的农业规模经营和社会化服务，有利于有效化解这些问题和新挑战，保障农业健康发展。要坚持和完善农村基本经营制度，依法维护农民土地承包经营权、宅基地使用权、集体收益分配权，壮大集体经济实力，发展农民专业合作和股份合作，培育新型经营主体，发展多种形式规模经营，构建集约化、专业化、组织化、社会化相结合的新型农业经营体系。

① 参见王东峰：《学习贯彻习近平总书记“三农”思想　谱写燕赵乡村振兴新篇章》，《人民日报》2018年3月30日。

二、建立有序流动的要素供给体系

充分发挥市场在配置城乡要素资源方面的基础性作用。由市场进行资源配置是市场经济的一般规律，是促进城乡融合最有效的手段。必须坚持社会主义市场经济改革方向，运用市场机制推动城乡要素平等交换，引导劳动力、资金、技术等要素资源更多向农村牧区流动，为乡村振兴培育强劲的发展动能。当前，城乡发展不平衡问题的关键不是要素不能在城乡间自由流动，而是要素在城乡间的不对称流动，即不平等交换。

知识链接

什么是生产要素市场

生产要素市场是生产要素在交换或流通过程中形成的市场。生产要素是社会再生产过程运转的基本条件，生产要素商品化、社会化形成生产要素市场，是生产力发展和社会进步的重要标志。生产要素市场主要包括：资金市场（金融市场）、劳动力市场（劳务市场）、技术市场、信息市场、房地产市场。作为商品市场组成部分的生产资料市场，同时也是必不可少的生产要素市场。生产要素市场的培育和发展，是发挥市场在资源配置中的决定性作用的必要条件，是发展社会主义市场经济的必然要求。市场体系是一个不可分割的有机统一体，由各种相对独立的商品市场和生产要素市场形成。从静态角度看，市场体系是商品、资金、技术、劳务、信息、房地产等各类市场的统一；从动态角度看，市场体系还包括各类市场及其构成的统一体运动、变化、发展的运行机制和管理调控机制。

一方面，农村劳动力、金融等现代经济发展所赖以支撑的重要资源，在市场机制的自发作用下以绝对倾斜性优势从农村流向城镇；另一方面，资金、技术、现代文明等资源要素则向农村辐射有限。实现城乡融合发展，不仅要加大对农村的投入，更重要的是要扭转资源要素倾斜性单向流动的态势，但这种扭转行为又必须以发挥市场在资源配置中起决定性作用为基础和前提，这在事实上为城乡融合设置了前置条件，也增加了推进城乡融合发展的难度。因此，一要加快构建城乡统一的要素市场，完善生产要素和资源价格形成机制，使其真正反映市场供求关系、资源稀缺程度和环境损害成本，畅通城乡融合发展的渠道。二要积极优化城乡资源要素顺畅流动的政策环境，一方面，持续推进新型城镇化，加快农业转移人口市民化进程；另一方面，鼓励和引导工商资本到农村投资兴业，积极扶持农民返乡创业，吸引各类主体以智力、技术、管理等多种方式下乡，全面提高城乡资源要素配置效率。三要探索建立城乡资源要素流动失衡熔断机制，加强风险防控，明确政策边界，设置必要的“防火墙”，严厉打击投机取巧、投机倒把行为，切实保护好农民利益、农业资源和农村环境。①

城乡融合发展，城镇要素集聚和城乡生产要素优化配置，有利于大

① 参见陈明星：《积极探索城乡融合发展长效机制》，《区域经济评论》2018 年第 3 期。

幅提高劳动生产率和资源利用效率，增强创新能力，促进产业优化升级；城乡融合发展，有利于促进城市文明向农村延伸，实现城乡社会共同发展、全面进步，使全体人民共享现代文明成果。

典型案例

贵州省赤水市：“双领”工程驱动乡村振兴“产业引擎”

近年来，赤水市按照贵州省委关于打赢脱贫攻坚战三年行动发起总攻夺取全胜的决策部署，深入推进振兴农村经济的产业革命，聚焦解决乡村人才空巢和乡村产业空心“两空”问题，把农村基层党建作为关键一招，抓牢“领头雁”队伍、抓实“领头羊”产业，大力实施农村基层党建“双领”工程。着重把乡村能人聚集起来、群众组织起来、资源整合起来、经营规范起来、效益提升起来，走党建引领、村企合一、市场运作、群众参与、共建共享的发展路子，推进了乡村产业革命向纵深发展。目前，通过最大限度让利群众参与，已新建、变更、重组村集体企业 70 个、合作社 99 个，1.1 万户、3.8 万群众成为股东或社员，资金入股 2335 万元，土地入股 2659 亩，山林入股 10.4 万亩，发展石斛、商品竹林、花卉苗木、精品水果、食用菌等高效作物 110.2 万亩，实现乌骨鸡、生态鱼、高山猪等特色养殖产值 1.3 亿元，带动旅游从业人员达 7 万人。

一、背景动因

“农业强不强、农村美不美、农民富不富，决定着我国全面小康社会的成色和社会主义现代化的质量。”2017年10月31日，贵州省政府宣布经国务院扶贫开发领导小组第三方评估机构验收，赤水市成为贵州省首个脱贫摘帽的贫困县，率先开启了社会主义现代化建设新征程。“三农”问题作为制约赤水市决胜全面小康、率先现代化的最大短板，乡村振兴战略已然成为赤水市率先小康绕不开、躲不过的最根本路径。在这一背景下，赤水市围绕“把支部建在产业链条上、党旗插在群众心坎上”的目标，以提升农村基层党组织组织力为重点，在广大乡村大力实施“双领”工程，主要基于以下几点考虑。

（一）着力破解乡村人才困境。乡村振兴关键在于人才振兴。长期以来，赤水市乡村人才存在总量小、层次低、结构单一等一系列问题。面对城乡融合发展崭新课题和经营乡村繁重任务，仅靠乡镇干部、驻村干部、帮扶干部等“编内人员”已远远难以满足乡村振兴的迫切需要。赤水市实施“双领”工程，旨在调动乡村人才积极因素，走出乡村振兴“上热下冷”和“外紧内松”怪圈，通过壮大农村经纪人队伍，选聘农村职业经理人，培育新型职业农民，把三支乡村“领头雁”队伍作为乡村振兴的关键一招，最大限度突破乡村人才瓶颈。

（二）着力补齐乡村产业短板。产业滞后是推动农村一二三产业融合发展的最大制约，补齐产业短板是乡村振兴的重要途径。赤水市实施“双领”工程，坚持股份制、市场化原则，以村集体为主导，大力培育、扶持、发展公司，通过引导农民依托资源折价入股、组织劳务进行专业分工，筹集资金共谋产业选择，推进产村融合和村企融合，加快构建乡村产业体系、生产体系、经营体系，推进乡村产业由增产导向转向提质导向，让集体经济发展真正成为推进乡村振兴的“领头羊”，彻底跳出赤水市乡村产业规模小、方式散、效益低的发展洼地。

（三）着力建强乡村基层党组织。办好农村事，关键在党。当前，全省上下正在火热掀起一场振兴农村经济的深刻产业革命。赤水市实施“双领”工程，就是要发挥农村基层党组织的政治核心作用，不断强化党组织的组织力建设，激发出乡村振兴的内生动力，争做农民群众的主心骨，成为乡村振兴的“指挥所”和“先锋队”，通过组织动员乡村人才，聚焦乡村产业，把党建触角延伸到产业发展第一线，让党员先锋作用在田间地头闪光，推动产业扶贫和农村产业结构调整取得重大突破，最大限度让基层“火车头”动力强起来。

二、主要做法

（一）坚持组织式覆盖培育新型人才。发挥农村基层党组织战斗堡垒作用，通过党员联、组织引、能人带，加强农村经纪人、职业经理人、新型农民3支农村带头人队伍建设。一是党员联。围绕农村产品渠道和品牌营销，组建营销、储藏、加工、信息等产业经纪党小组318个，创办冷水鱼发展协会、乡村旅游协会、竹业发展协会等农村经纪组织27个，发挥党员个体的主观能动性，把寻信息、找销量、跑市场纳入党员晋星、支部晋级的评分内容，通过把党员培养成农村经纪人，把农村经纪人培养成党员，实现了一村企一经纪人全覆盖。二是组织引。实施农村基层党组织“雁归计划”，建立职业经理人选聘机制，允许优秀村干部兼任村级集体经济组织负责人，打破身份限制，引导105名具有一定市场经验、懂得一定经营管理的外出务工经商人员，作为职业经理人担任村级经济组织负责人，专职承担村级集体经济发展，薪酬与创造效益直接挂钩，采取“基本待遇+绩效薪酬”方式发放，按贡献兑现报酬，由“四议两公开”程序议定，由村级经济组织全额列支。三是能人带。建立乡村人才库，科学制订培训计划，组织本村种养专业户、产业带头人和致富能手等“田秀才”“土专家”，组建产业农民讲师队92支，依托新时代农民讲习所，义务进行石斛、商品竹林、生态鱼等特色种养技术宣讲培训，结对帮扶6800人次，开展农技大比武、大竞赛等活动223人次，大力培养职业农民。

（二）坚持股份制推动打造经济实体。以革新农村组织方式为契机，以村集体为主体，通过股份制和公司化运作，引导群众依托自身资金、资源、资产与村集体共同组建混合制经济实体。一是资金认股。以群众自愿为原则，科学设定单股价格，按照最高设限、进退自由、逐年递增要求，将不少于70%原集体企业股份，对群众进行公开募股，群众当年未募集股份和因婚丧嫁娶退出股份均由村民委员会按原有股价进行代持，便于群众认股募股，最大限度让利于群众。二是资源入股。除群众资金入股方式外，引导群众以土地、山林剩余年限经营权折价股价，入股村集体企业，享受股金分红。村集体将群众土地、山林等资源进行统一经营，或向金融机构进行抵押贷款，换取经营资金。三是资产计股。聘请第三方资产评估机构，对现有资产进行合资量股，除国家扶贫项目资金作为建档立卡贫困户股金外，其余国家项目资金投放形成资产均计入村集体股份，群众按投入资金和资源折计股份，统一颁发股金证作为入股分红凭证。此后，在确保资金投向和基本用途不变的前提下，除补贴类、救济类、应急类外，各类惠农支农项目资金、帮扶资金、社会资本及农民资金均以入股形式提供给村集体企业使用，有效提高资金利用率。

（三）坚持市场化运作统筹产业发展。紧扣市场导向，采取“村企做基地＋龙头联市场”方式，不断畅通市场渠道，做强特色品牌，推动“赤货出山”和“赤货外销”。一是做强特色品牌。坚持强龙头、创品牌、带农户，村集体企业结合赤水资源禀赋，重点打造了“丙安红”“竹叶鱼”“高洞青萝卜线”“赤水竹编”等一批极具赤水特色的品牌产品。建立赤水乌骨鸡、天麻、苦竹笋等本地农特产品质量标准，有效提升了产品议价能力和市场竞争力。二是打通产销环节。依托国云、康绿、沐辉等学校营养餐直供平台，由村集体企业组织群众开展订单式生产，实行统购统销，对全市东、中、西部63间中、小学校（教学点），常规就餐人数达30人以上的食堂进行直销配送。同时，村集体根据市场动态，组织专门销售团队，向市内“好生活”“美＋乐”“福乐多”等5家大型超市，以及天台、复兴、大同等6个乡镇农贸市场进行集中配送，覆盖泸州、自贡、宜宾、内江等周边地区，实现了“农校＋农超”无缝对接，全市村级集体经济积累已突破7652万元。三是降低运营成本。由村集体企业按照统一购种、统一技术、统一收购、统一销售、统一分红、分户管理“五统一分”原则，推动群众参与合作经营，打造利益共同体。统一地（林）定人、量定产、质定效等方式进行生产组织，将长效产业后期管护工作落实到责任人、田间地块，降低人力、运输、资金等生产成本，通过统一运输，全市仅竹产业一项就带动20万竹农人均增收3000元以上。

（四）坚持效益化联结带动群众致富。通过严格按股分红，规范利益联结，带动群众就业务工，最大化带动群众参与发展、共享成果。一是优先分红。按照“党支部＋村企＋市场＋群众”发展模式，严格村级集体经济组织章程，健全董事会（理事会）、经理会、监事会、公司（合作社）股东（社员）代表大会等基本制度，分别选出董事长（理事长）、监事长154人，聘任总经理62人，选出股东代表1672人、社员代表3786人，对群众22.3%股份分红进行有效监督。截至2019年，有6786户群分红9285万元。二是就业务工。明确凡是村集体项目优先安排群众就近务工，通过组织化分工，签订临时用工正式合同，根据工作难易和技术高低程度，以80～130元/天标准，提供就业岗位234个，安排群众开展建筑小工、土地整治、劳务运输等工种，仅靠务工就带动群众增收1000元以上。天台镇铁匠炉村成立天牛劳务公司，将本村泥水工、小工、模具工等群众组织起来，承接本乡镇土石方、道路修补等简易工程，就地输出劳务超过500人次，实现了群众本地就业。三是福利覆盖。除固定分红外，村集体企业拿出一定比例利润，承担村民养老、教育、医疗、住房等福利支出。2017

年底，复兴镇凯旋村村级集体经济盈利 65 万元，为全村 70 岁以上的 200 余名老人发放红包共 27400 元，资助贫困大学生 7 人。两河口镇黎明村村集体企业收入 636 万元，为全体村民缴纳医疗保险，为 19 岁至 59 岁村民缴纳养老保险。

（来源：人民网—中国共产党新闻网 2019 年 7 月 26 日）

三、建立融合发展的现代产业体系

国务院办公厅印发的《关于推进农村一二三产业融合发展的指导意见》提出，推进农村一二三产业融合发展，是拓宽农民增收渠道、构建现代农业产业体系的重要举措，是加快转变农业发展方式、探索中国特色农业现代化道路的必然要求。《关于推进农村一二三产业融合发展的指导意见》强调，要牢固树立创新、协调、绿色、开放、共享的发展理念，主动适应经济发展新常态，以市场需求为导向，以完善利益联结机制为核心，以制度、技术和商业模式创新为动力，以新型城镇化为依托，推进农业供给侧结构性改革，着力构建农业与二三产业交叉融合的现代产业体系，形成城乡一体化的农村发展新格局，促进农业增效、农民增收和农村繁荣，为国民经济持续健康发展和全面建成小康社会提供重要支撑。到 2020 年，农村产业融合发展总体水平明显提升，产业链条完整、功能多样、业态丰富、利益联结紧密、产城融合更加协调的新格局基本形成，农业竞争力明显提高，农民收入持续增加，农村活力显著增强。

（一）发展多类型农村产业融合方式

1. 着力推进新型城镇化

将农村产业融合发展与新型城镇化建设有机结合，引导农村二三产业向县城、重点乡镇及产业园区等集中。加强规划引导和市场开发，培育农产品加工、商贸物流等专业特色小城镇。强化产业支撑，实施差别化落户政策，努力实现城镇基本公共服务常住人口全覆盖，稳定吸纳农业转移人口。

2. 加快农业结构调整

以农牧结合、农林结合、循环发展为导向，调整优化农业种植养殖结构，加快发展绿色农业。建设现代饲草料产业体系，推广优质饲草料种植，促进粮食、经济作物、饲草料三元种植结构协调发展。大力发展种养结合循环农业，合理布局规模化养殖场。加强海洋牧场建设。积极发展林下经济，推进农林复合经营。推广适合精深加工、休闲采摘的作物新品种。加强农业标准体系建设，严格生产全过程管理。

3. 延伸农业产业链

发展农业生产性服务业，鼓励开展代耕代种代收、大田托管、统防统治、烘干储藏等市场化和专业化服务。完善农产品产地初加工补助政策，扩大实施区域和品种范围，初加工用电享受农用电政策。加强政策引导，支持农产品深加工发展，促进其向优势产区和关键物流节点集中，加快消化粮棉油库存。支持农村特色加工业发展。加快农产品冷链物流体系建设，支持优势产区产地批发市场建设，推进市场流通体系与储运加工布局有机衔接。在各省（自治区、直辖市）年度建设用地指标中单列一定比例，专门用于新型农业经营主体进行农产品加工、仓储物流、产地批发市场等辅助设施建设。健全农产品产地营销体系，推广农超、农企等形式的产销对接，鼓励在城市社区设立鲜活农产品直销网点。

4. 拓展农业多种功能

加强统筹规划，推进农业与旅游、教育、文化、健康养老等产业深度融合。积极发展多种形式的农家乐，提升管理水平和服务质量。建设一批具有历史、地域、民族特点的特色旅游村镇和乡村旅游示范村，有序发展新型乡村旅游休闲产品。鼓励有条件的地区发展智慧乡村游，提高在线营销能力。加强农村传统文化保护，合理开发农业文化遗产，大力推进农耕文化教育进校园，统筹利用现有资源建设农业教育和社会实践基地，引导公众特别是中小学生参与农业科普和农事体验。

5. 大力发展农业新型业态

实施“互联网 + 现代农业”行动，推进现代信息技术应用于农业生产、经营、管理和服务，鼓励对大田种植、畜禽养殖、渔业生产等进行物联网改造。采用大数据、云计算等技术，改进监测统计、分析预警、信息发布等手段，健全农业信息监测预警体系。大力发展农产品电子商务，完善配送及综合服务网络。推动科技、人文等元素融入农业，发展农田艺术景观、阳台农艺等创意农业。鼓励在大城市郊区发展工厂化、立体化等高科技农业，提高本地鲜活农产品供应保障能力。鼓励发展农业生产租赁业务，积极探索农产品个性化定制服务、会展农业、农业众筹等新型业态。

6. 引导产业集聚发展

加强农村产业融合发展与城乡规划、土地利用总体规划有效衔接，完善县域产业空间布局和功能定位。通过农村闲置宅基地整理、土地整治等新增的耕地和建设用地，优先用于农村产业融合发展。创建农业产业化示范基地和现代农业示范区，完善配套服务体系，形成农产品集散中心、物流配送中心和展销中心。扶持发展一乡（县）一业、一村一品，加快培育乡村手工艺品和农村土特产品品牌，推进农产品品牌建设。依托国家农业科技园区、农业科研院校和“星创天地”，培育农业科技创新应用企业集群。

（二）培育多元化农村产业融合主体

1. 强化农民合作社和家庭农场基础作用

鼓励农民合作社发展农产品加工、销售，拓展合作领域和服务内容。鼓励家庭农场开展农产品直销。引导大中专毕业生、新型职业农民、务工经商返乡人员领办农民合作社、兴办家庭农场、开展乡村旅游等经营活动。支持符合条件的农民合作社、家庭农场优先承担政府涉农项目，落实财政项目资金直接投向农民合作社、形成资产转交合作社成员持有和管护政策。开展农民合作社创新试点，引导发展农民合作社联合社，引导土地流向农民合作社和家庭农场。

知识链接

实施家庭农场培育计划的总体要求

（一）指导思想

以习近平新时代中国特色社会主义思想为指导，全面贯彻党的十九大和十九届二中、三中全会精神，紧紧围绕统筹推进“五位一体”总体布局和协调推进“四个全面”战略布局，落实新发展理念，坚持高质量发展，以开展家庭农场示范创建为抓手，以建立健全指导服务机制为支撑，以完善政策支持体系为保障，实施家庭农场培育计划，按照“发展一批、规范一批、提升一批、推介一批”的思路，加快培育出一大批规模适度、生产集约、管理先进、效益明显的家庭农场，为促进乡村全面振兴、实现农业农村现代化夯实基础。

（二）基本原则

坚持农户主体。坚持家庭经营在农村基本经营制度中的基础性地位，鼓励有长期稳定务农意愿的农户适度扩大经营规模，发展多种类型的家庭农场，开展多种形式合作与联合。

坚持规模适度。引导家庭农场根据产业特点和自身经营管理能力，实现最佳规模效益，防止片面追求土地等生产资料过度集中，防止“垒大户”。

坚持市场导向。遵循家庭农场发展规律，充分发挥市场在推动家庭农场发展中的决定性作用，加强政府对家庭农场的引导和支持。

坚持因地制宜。鼓励各地立足实际，确定发展重点，创新家庭农场发展思路，务求实效，不搞一刀切，不搞强迫命令。

坚持示范引领。发挥典型示范作用，以点带面，以示范促发展，总结推广不同类型家庭农场的示范典型，提升家庭农场发展质量。

（三）发展目标

到 2020 年，支持家庭农场发展的政策体系基本建立，管理制度更加健全，指导服务机制逐步完善，家庭农场数量稳步提升，经营管理更加规范，经营产业更加多元，发展模式更加多样。到 2022 年，支持家庭农场发展的政策体系和管理制度进一步完善，家庭农场生产经营能力和带动能力得到巩固提升。

2. 支持龙头企业发挥引领示范作用

培育壮大农业产业化龙头企业和林业重点龙头企业，引导其重点发展农产品加工流通、电子商务和农业社会化服务，并通过直接投资、参股经营、签订长期合同等方式，建设标准化和规模化的原料生产基地，带动农户和农民合作社发展适度规模经营。龙头企业要优化要素资源配置，加强产业链建设和供应链管理，提高产品附加值。鼓励龙头企业建设现代物流体系，健全农产品营销网络。充分发挥农垦企业资金、技术、品牌和管理优势，培育具有国际竞争力的大型现代农业企业集团，推进垦地合作共建，示范带动农村产业融合发展。

3. 发挥供销合作社综合服务优势

推动供销合作社与新型农业经营主体有效对接，培育大型农产品加工、流通企业。健全供销合作社经营网络，支持流通方式和业态创新，搭建全国性和区域性电子商务平台。拓展供销合作社经营领域，由主要从事流通服务向全程农业社会化服务延伸、向全方位城乡社区服务拓展，在农资供应、农产品流通、农村服务等重点领域和环节为农民提供便利实惠、安全优质的服务。

4. 积极发展行业协会和产业联盟

充分发挥行业协会自律、教育培训和品牌营销作用，开展标准制定、商业模式推介等工作。在质量检测、信用评估等领域，将适合行业协会承担的职能移交给行业协会。鼓励龙头企业、农民合作社、涉农院校和科研院所成立产业联盟，支持联盟成员通过共同研发、科技成果产业化、融资拆借、共有品牌、统一营销等方式，实现信息互通、优势互补。

5. 鼓励社会资本投入

优化农村市场环境，鼓励各类社会资本投向农业农村，发展适合企业化经营的现代种养业，利用农村“四荒”（荒山、荒沟、荒丘、荒滩）资源发展多种经营，开展农业环境治理、农田水利建设和生态修复。国家相关扶持政策对各类社会资本投资项目同等对待。对社会资本投资建设连片面积达到一定规模的高标准农田、生态公益林等，允许在符合土地管理法律法规和土地利用总体规划、依法办理建设用地审批手续、坚持节约集约用地的前提下，利用一定比例的土地开展观光和休闲度假旅游、加工流通等经营活动。能够商业化运营的农村服务业，要向社会资本全面开放。积极引导外商投资农村产业融合发展。

（三）建立多形式利益联结机制

1. 创新发展订单农业

引导龙头企业在平等互利基础上，与农户、家庭农场、农民合作社签订农产品购销合同，合理确定收购价格，形成稳定的购销关系。支持龙头企业为农户、家庭农场、农民合作社提供贷款担保，资助订单农户参加农业保险。鼓励农产品产销合作，建立技术开发、生产标准和质量追溯体系，设立共同营销基金，打造联合品牌，实现利益共享。

2. 鼓励发展股份合作

加快推进农村集体产权制度改革，将土地承包经营权确权登记颁证到户、集体经营性资产折股量化到户。地方人民政府可探索制定发布本行政区域内农用地基准地价，为农户土地入股或流转提供参考依据。以土地、林地为基础的各种形式的合作，凡是享受财政投入或政策支持的承包经营者均应成为股东方，并采取“保底收益＋按股分红”等形式，让农户分享加工、销售环节收益。探索形成以农户承包土地经营权入股的股份合作社、股份合作制企业利润分配机制，切实保障土地经营权入股部分的收益。

3. 强化工商企业社会责任

鼓励从事农村产业融合发展的工商企业优先聘用流转出土地的农民，为其提供技能培训、就业岗位和社会保障。引导工商企业发挥自身优势，辐射带动农户扩大生产经营规模、提高管理水平。完善龙头企业认定监测制度，实行动态管理，逐步建立社会责任报告制度。强化龙头企业联农带农激励机制，国家相关扶持政策与利益联结机制相挂钩。

4. 健全风险防范机制

稳定土地流转关系，推广实物计租货币结算、租金动态调整等计价方式。规范工商资本租赁农地行为，建立农户承包土地经营权流转分级备案制度。引导各地建立土地流转、订单农业等风险保障金制度，并探索与农业保险、担保相结合，提高风险防范能力。增强新型农业经营主体契约意识，鼓励制定适合农村特点的信用评级方法体系。制定和推行涉农合同示范文本，依法打击涉农合同欺诈违法行为。加强土地流转、订单等合同履约监督，建立健全纠纷调解仲裁体系，保护双方合法权益。

（四）完善多渠道农村产业融合服务

1. 搭建公共服务平台

以县（市、区）为基础，搭建农村综合性信息化服务平台，提供电子商务、乡村旅游、农业物联网、价格信息、公共营销等服务。优化农村创业孵化平台，建立在线技术支持体系，提供设计、创意、技术、市场、融资等定制化解决方案及其他创业服务。建设农村产权流转交易市场，引导其健康发展。采取政府购买、资助、奖励等形式，引导科研机构、行业协会、龙头企业等提供公共服务。

2. 创新农村金融服务

发展农村普惠金融，优化县域金融机构网点布局，推动农村基础金融服务全覆盖。综合运用奖励、补助、税收优惠等政策，鼓励金融机构与新型农业经营主体建立紧密合作关系，推广产业链金融模式，加大对农村产业融合发展的信贷支持。推进粮食生产规模经营主体营销贷款试点，稳妥有序开展农村承包土地的经营权、农民住房财产权抵押贷款试点。坚持社员制、封闭性、民主管理原则，发展新型农村合作金融，稳妥开展农民合作社内部资金互助试点。鼓励发展政府支持的“三农”融资担保和再担保机构，为农业经营主体提供担保服务。鼓励开展支持农村产业融合发展的融资租赁业务。积极推动涉农企业对接多层次资本市场，支持符合条件的涉农企业通过发行债券、资产证券化等方式融资。加强涉农信贷与保险合作，拓宽农业保险保单质押范围。

3. 强化人才和科技支撑

加快发展农村教育特别是职业教育，加大农村实用人才和新型职业农民培育力度。加大政策扶持力度，引导各类科技人员、大中专毕业生等到农村创业，实施鼓励农民工等人员返乡创业“三年行动计划”和“现代青年农场主计划”，开展百万乡村旅游创客行动。鼓励科研人员到农村合作社、农业企业任职兼职，完善知识产权入股、参与分红等激励机制。支持农业企业、科研机构等开展产业融合发展的科技创新，积极开发农产品加工贮藏、分级包装等新技术。

4. 改善农业农村基础设施条件

统筹实施全国高标准农田建设总体规划，继续加强农村土地整治和农田水利基础设施建设，改造提升中低产田。加快完善农村水、电、路、通信等基础设施。加强农村环境整治和生态保护，建设持续健康和环境友好的新农村。统筹规划建设农村物流设施，逐步健全以县、乡、村三级物流节点为支撑的农村物流网络体系。完善休闲农业和乡村旅游道路、供电、供水、停车场、观景台、游客接待中心等配套设施。

5. 支持贫困地区农村产业融合发展

支持贫困地区立足当地资源优势，发展特色种养业、农产品加工业和乡村旅游、电子商务等农村服务业，实施符合当地条件、适应市场需求的农村产业融合项目，推进精准扶贫、精准脱贫，相关扶持资金向贫困地区倾斜。鼓励经济发达地区与贫困地区开展农村产业融合发展合作，支持企事业单位、社会组织和个人投资贫困地区农村产业融合项目。

知识链接

如何做活农村第三产业，拓宽产业融合发展途径

1. 大力发展各类专业流通服务。健全农产品产地营销体系，推广农超、农社（区）、农企、农校、农军等形式的产销对接，鼓励新型农业经营主体在城市社区或郊区设立鲜活农产品直销网点。鼓励各类服务主体把服务网点延伸到农村社区，向全方位城乡社区服务拓展。配合有关部门落实在各省（区、市）年度建设用地指标中单列一定比例，专门用于新型农业经营主体进行农产品加工、仓储物流、产地批发市场等辅助设施建设。继续实施农产品批发市场、农贸市场房产税、城镇土地使用税优惠政策。培育大型农产品加工、流通企业，支持开展托管服务、专项服务、连锁服务、个性化服务等多元服务。

2. 积极发展电子商务等新业态新模式。推进大数据、物联网、云计算、移动互联网等新一代信息技术向农业生产、经营、加工、

流通、服务领域的渗透和应用，促进农业与互联网的深度融合。支持流通方式和业态创新，开展电子商务试点，推进新型农业经营主体对接全国性和区域性农业电子商务平台，鼓励和引导大型电商企业开展农产品电子商务业务。积极协调有关部门完善农村物流、金融、仓储体系，充分利用信息技术逐步创建最快速度、最短距离、最少环节的新型农产品流通方式。积极探索农业物联网应用主攻方向、重点领域、发展模式及推进路径，稳步开展成功经验模式在国家级、省级、县级等层面推广应用。

3. 加快发展休闲农业和乡村旅游。拓展农业多种功能，推进农业与休闲旅游、教育文化、健康养生等深度融合，发展观光农业、体验农业、创意农业等新业态，促进休闲农业和乡村旅游多样化发展。优化布局，在大中城市周边、名胜景区周边、特色景观旅游名镇名村周边、依山傍水逐草自然生态区、少数民族地区、传统特色农区，支持发展农（林、牧、渔）家乐、休闲农庄、休闲农园、休闲农业产业融合聚集村等。改善设施，加快休闲农业经营场所的公共基础设施建设，兴建垃圾污水无害化处理等设施，改善休闲农业基地的种养条件，鼓励因地制宜兴建特色农产品加工、民俗手工艺品制作和餐饮、住宿、购物、娱乐等配套服务设施。规范管理，加大休闲农业行业标准的制定和宣贯，加强品牌培育和宣传推介，提升社会影响力和知名度。

——《全国农产品加工业与农村一二三产业融合发展规划（2016—2020 年）》

延伸阅读

1. 现代农业综合体发展战略研究课题组：《现代农业综合体：区域现代农业发展的新平台》，中国农业出版社 2018 年版。

2. 周立：《现代农业发展趋势与国际经验》，中国农业出版社 2018 年版。

3. 湖北省现代农业展示中心：《湖北现代农业科技成果汇编》，华中科技大学出版社 2019 年版。

深度思考

1. “藏粮于地”“藏粮于技”战略的核心内涵是什么？

2. 产业振兴在构建现代农业生态圈中有何重要意义？

3. 我国农业农村发展已进入新的历史阶段，农业的主要矛盾是什么？

第十章

决胜小康，形成新型工农城乡关系

中国现代化进程的一个重要特点就是工业化与城镇化不同步，工业化走在了城镇化前面。近年来，随着城镇化的加快推进，到2017年我国城镇化率已经达到58.52%。按照目前发展趋势，到2020年、2030年城镇化率还将进一步达到60%、65%，2050年可能超过70%。我国以城镇为主的人口分布格局已经基本形成，城镇化发展迈入中后期转型提升阶段。观察世界其他国家的发展历程，各国在推进城市化进程中，普遍遇到了乡村衰退问题，一般要到城镇化率达到70%以后，城乡矛盾才能逐步得到解决。[①] 因此，在我国人口加速向城镇聚集的大趋势下，在工业化、城镇化深入推进的同时，避免出现乡村衰退问题，真正实现农业农村的现代化，把乡村建设成为与城市共生共荣、各美其美的美好家园，是新时代全面建成小康社会和社会主义现代化建设的根本要求。

习近平总书记指出，农业强不强、农村美不美、农民富不富，决定着亿万农民的获得感和幸福感，决定着我国全面小康社会的成色和社会主义现代化的质量。走中国特色社会主义乡村振兴道路，必须重塑城乡关系，走城乡融合发展之路；推动新型工业化、信息化、城镇化、农业现代化同步发展，加快形成工农互促、城乡互补、全面融合、共同繁荣

① 参见湖南省中国特色社会主义理论体系研究中心：《实施乡村振兴战略 走城乡融合发展之路》，《求是》2018年第6期。

的新型工农城乡关系。随着中国特色社会主义进入新时代，摆在我们面前的一个时代课题，就是要建立什么样的新时代中国特色社会主义工农城乡关系、怎样建立新时代中国特色社会主义工农城乡关系。

重塑城乡关系，走城乡融合发展之路，这是在既往城乡统筹发展的基础上，对新时代城乡关系的再平衡，是未来一段时期推进新型城镇化和实施乡村振兴战略的重要遵循，要在科学把握城乡融合发展深刻内涵的基础上，积极探索城乡融合发展的长效机制。与城乡统筹更侧重强调政府调控手段的“统”所不同的是，城乡融合则更侧重强调发挥市场机制在资源要素配置中的决定性作用，通过城乡要素重组、产业重构、空间协同的“融”，激发农业农村自主发展动力和内生发展能力，以实现更高质量、更可持续的乡村振兴。因此，城乡融合发展不是简单的统筹，也不是片面追求表象的趋同，更不是对城乡失衡的无视。[①]

一、工农互促的城乡关系

2019 年 3 月 8 日，习近平总书记在参加十三届全国人大二次会议河南代表团审议时就实施乡村振兴战略强调指出，要扛稳粮食安全这个重任，补齐农村基础设施这个短板，夯实乡村治理这个根基，用好深化改革这个法宝。要把实施乡村振兴战略、做好“三农”工作放在经济社会发展全局中统筹谋划和推进。

要把握好实施乡村振兴战略的总体要求和方向道路关于乡村振兴的总要求。党的十九大在提出实施乡村振兴战略的同时，提出了实施这一

① 参见陈明星：《积极探索城乡融合发展长效机制》，《区域经济评论》2018 年第 3 期。

战略的总要求，就是坚持农业农村优先发展，按照产业兴旺、生态宜居、乡风文明、治理有效、生活富裕的总要求，建立健全城乡融合发展的体制机制和政策体系，加快推进农业农村现代化。实施乡村振兴战略20字总要求，是“五位一体”总体布局在“三农”领域的具体体现，是新农村建设的升级版、宏观版，体现了时代的进步，回应了群众的期待。乡村振兴，落脚在实现农业农村现代化，这是一个新的重大提法，乡村振兴不仅农业要现代化，整个农村也要全面发展，不仅工农差别要缩小，城乡差别也要缩小，实现“四化同步”、工农互促、城乡共荣、一体化发展，实现乡村“五位一体”全面振兴。实施乡村振兴战略，是新时代“三农”工作的总抓手。[①] 虽然中国特色社会主义进入了新时代，世情国情农情发生了重大变化，但“必须始终把解决好‘三农’问题作为全党工作重中之重”不会因此有丝毫动摇，反而被提到更高地位，更需要长期大力坚持。

坚持“重中之重”不是说说而已，而是要更多地把“三农”发展作为解决不平衡不充分发展问题的关键，从全局和战略高度更加积极地支持“三农”发展，推动国民收入分配格局调整向“三农”倾斜，更好地引导工业反哺农业、城市支持农村，增强“三农”发展活力。坚持“重中之重”，还要顺应社会主要矛盾的变化，推动惠及城乡、城乡联动的体制机制改革和政策创新，在尊重经济社会发展规律的同时，通过统筹推进“五位一体”总体布局和协调推进“四个全面”战略布局，协调推进产业兴旺、生态宜居、乡风文明、治理有效和生活富裕，改变大量优

① 参见韩长赋：《用习近平总书记“三农”思想指导乡村振兴》，《学习时报》2018年3月28日第1版。

质资源、优质要素单向流失到城市的格局，疏通适合“三农”发展需求的产业、企业、人才、资源、要素参与乡村振兴的通道，带动“三农”自我发展能力的成长和城乡之间融合渗透、互补互促、耦合共生关系的强化。[①] 要结合推进“三农”乃至经济社会发展的政策转型，引导城市及其企业、产业发挥对“三农”发展的引领带动作用，如发挥城市服务业对农村服务业、农村一二三产业融合发展的引领带动作用，积极营造通过推进产业融合带动城乡融合发展新格局，鼓励农村企业有效融入本土产业链和生产网络。

专家观点

坚持重农固本 优先发展农业农村

城乡融合发展要在干部配备上优先考虑，在要素配置上优先满足，在公共财政投入上优先保障，在公共服务上优先安排，真正把农业农村优先发展的要求落到实处，坚持重农固本，始终把解决好“三农”问题这一关系国计民生的根本性问题作为工作重中之重。首先，要在公共财政上切实优先保障，推动公共财政更大力度向“三农”倾斜，确保财政投入持续增长，建立健全实施乡村振兴战略财政投入保障制度，确保财政投入与乡村振兴目标任务相适应，并充分发挥财政资金的引导作用，撬动金融和社会资本更多投向乡村振兴。其次，要突出补短板、强弱项，在基础

① 参见姜长云:《建立健全城乡融合发展的体制机制和政策体系》,《区域经济评论》2018 年第 3 期。

设施、公共服务等薄弱环节，加大反哺力度，深入推进农村基础设施建设，切实提高城乡基本公共服务均等化水平。最后，要强化以新发展理念为统领，从根本上扭转乡村在城乡发展中“蓄水池”的从属角色，在创新、协调、绿色、开放、共享中，既注重乡村外部资源要素的整合流入，也注重乡村内部资源要素的激活和集聚，更注重城乡资源要素的融合和优化配置，适时推进区划调整，并着重从追求单一的国内生产总值增长速度情结中解放出来，处理好短期与长期的关系，多做打基础、管长远的事，着力在高质量发展中加快城乡融合，从根本上重塑新型城乡关系。

——河南省社会科学院农村发展研究所副所长、研究员陈明星

二、城乡互补的城乡关系

城市文明是理性化、统一化、标准化、技术化、规模化的长流，集中了“人造”的力量。乡村文明则是感性的，是建立在独特地里山川、四季更替、历史传承上的多样化生活方式，氤氲着自然气息，人情温暖。城市和乡村，就如人的身体和心灵，是相互依存、功能互补的有机统一体。理想的城乡生活，应有城市的高效和忙碌，也要有乡村的自然和休憩。形成城乡互补的城乡关系，需要合理统筹生产、生活、生态空间。以北京为例，2010 年北京市人均国内生产总值超过 1 万美元，2016 年达到 1.7 万美元，按照世行“人均 1 万美元”的标准，北京早已进入后工

业化发展阶段。因此，在城乡互补、空间统筹方面，北京应按照后工业化时代的要求适时调整“三生”空间的组合布局，在城市的规划、设计与管理等方面要树立“三生”协调发展理念，适度压缩生产空间、优化生活空间、扩大生态空间，这对北京疏解非首都功能、提高城市品质和精细化管理水平，都将产生深刻影响。

首先，适度集中和压缩生产空间。一方面，适度集中生产空间，提高土地利用强度，用高精尖经济体系来逐渐替代原有的经济体系，向科技创新和文化品质提升要发展空间，实现减量不减速；另一方面，通过压缩生产空间，降低生产和生活空间混杂布局和无序蔓延对生活居住和首都功能的影响程度。

其次，提高生活空间的舒适度和便利性。如通过实施限制机动车在支路停车等措施，设置完善的支路自行车路线标识系统，提高非机动车道的连通性及安全性，增加城市居民交通出行方式及路径的多元选择，提高生活空间的便利程度。将城六区的公园体系、绿地空间、滨水休闲空间、环城近郊休闲游憩带等组合形成网络化、整体性的休闲游憩系统，提升生活空间的舒适度。

最后，适度扩大生态空间，提升生态空间与生活空间的融合度。一方面，应适度扩大生态空间规模，对于绿色生态空间不足的区域，非首都功能疏解后的腾退空间应优先保障公园绿地建设的需要；另一方面，应提升生态空间与生活空间的融合程度，使生活空间充满绿色，如强化对绿色立体空间的开发利用，在有条件的区域推行屋顶绿化，让墙体、屋顶都有植被覆盖，达到垂直绿化和立体绿化的效果，对新建的楼宇要求必须有“楼顶绿化实施方案”，否则不予批准建设。[①]

形成城乡互补的城乡关系，需要培育农业发展新动能。这是打造中国强势农业、推动乡村振兴的动力源。一是休闲农业和乡村旅游。2016年全国休闲农业和乡村旅游接待游客近21亿人次，营业收入超过5700亿元，相当于我国农业增加值的8.9%，从业人员845万人，带动672万户农民受益。二是农业农村电商。全国农村网络零售额达8945亿元，相当于我国农业增加值的14%，解决了2000万人的就业问题。三是农产品加工业。农产品加工业与农业产值之比达到2.2∶1，主营业务收入超过20万亿元，约占我国制造业的五分之一。四是农业生产性服务业。各类服务组织超过115万个，产值超过2000亿元，服务领域涵盖种植、畜牧、渔业等各个产业，涌现出全程托管、代耕代种、联耕联种等多种服务方式。这些新产业新业态极具成长性，深刻拓展了农业的广度和深度，对保增长、稳就业、促增收具有重要作用。[②]

知识链接

多规合一

“多规合一”，是指在一级政府一级事权下，强化国民经济和社会发展规划、城乡规划、土地利用规划、环境保护、文物保护、林地与耕地保护、综合交通、水资源、文化与生态旅游资源、社

① 参见叶堂林、潘鹏：《生产、生活、生态空间的统筹重点》，《北京日报》2017年7月31日。

② 参见张红宇：《走中国特色社会主义乡村振兴道路》，《学习时报》2018年1月15日。

会事业规划等各类规划的衔接，确保“多规”确定的保护性空间、开发边界、城市规模等重要空间参数一致，并在统一的空间信息平台上建立控制线体系，以实现优化空间布局、有效配置土地资源、提高政府空间管控水平和治理能力的目标。“多规合一”旨在把多个规划融合到一个区域上，实现一个市县一个规划、一张蓝图，解决现有各类规划自成体系、内容冲突、缺乏衔接等问题。

三、共同繁荣的城乡关系

共同富裕是社会主义的本质规定和奋斗目标，也是我国社会主义的根本原则。近年来，得益于一系列支农惠农富农政策措施的落地见效，我国农民收入不断增长，生活水平不断提高。2017 年农村居民人均可支配收入预计超过 1.3 万元，增速继续高于城镇居民。但城乡收入差距依然较大，促进城乡居民均衡发展任重而道远。如果说实现全面建成小康社会的第一个百年奋斗目标是消除绝对贫困，那么实现国家现代化的第二个百年奋斗目标就是要缩小城乡差距，特别是缩小城乡居民收入差距，让广大农民群众有更多的获得感、幸福感、安全感。[①] 推进乡村振兴，生活富裕是基础，共同繁荣是目标。

要千方百计拓宽农民增收渠道，特别是增加经营性收入和财产性收入，继续保持农村居民收入增速高于城镇居民。《中共中央 国务院关于建立健全城乡融合发展体制机制和政策体系的意见》对“建立健全有利

---

① 参见张红宇：《走中国特色社会主义乡村振兴道路》，《学习时报》2018 年 1 月 15 日。

于农民收入持续增长的体制机制”，要求“拓宽农民增收渠道，促进农民收入持续增长，持续缩小城乡居民生活水平差距”。具体从以下几个方面着手。

一是完善促进农民工资性收入增长环境。推动形成平等竞争、规范有序、城乡统一的劳动力市场，统筹推进农村劳动力转移就业和就地创业就业。规范招工用人制度，消除一切就业歧视，健全农民工劳动权益保护机制，落实农民工与城镇职工平等就业制度。健全城乡均等的公共就业创业服务制度，努力增加就业岗位和创业机会。提高新生代农民工职业技能培训的针对性和有效性，健全农民工输出输入的劳务对接机制。

二是健全农民经营性收入增长机制。完善财税、信贷、保险、用地等政策，加强职业农民培训，培育发展新型农业经营主体。建立农产品优质优价正向激励机制，支持新型经营主体发展“三品一标”农产品、打造区域公用品牌，提高产品档次和附加值。引导龙头企业与农民共建农业产业化联合体，让农民分享加工销售环节收益。完善企业与农民利益联结机制，引导农户自愿以土地经营权等入股企业，通过利润返还、保底分红、股份合作等多种形式，拓宽农民增收渠道。促进小农户和现代农业发展有机衔接，突出抓好农民合作社和家庭农场两类农业经营主体发展，培育专业化市场化服务组织，帮助小农户节本增收。

三是建立农民财产性收入增长机制。以市场化改革为导向，深化农村集体产权制度改革，推动资源变资产、资金变股金、农民变股东。加快完成农村集体资产清产核资，把所有权确权到不同层级的农村集体经济组织成员集体。加快推进经营性资产股份合作制改革，将农村集体经营性资产以股份或者份额的形式量化到本集体成员。对财政资金投入农业农村形成的经营性资产，鼓励各地探索将其折股量化到集体经济组织成员。创新农村集体经济运行机制，探索混合经营等多种实现形式，确保集体资产保值增值和农民收益。完善农村集体产权权能，完善农民对集体资产股份占有权、收益权、有偿退出权及担保权、继承权。

四是强化农民转移性收入保障机制。履行好政府再分配调节职能，完善对农民直接补贴政策，健全生产者补贴制度，逐步扩大覆盖范围。在统筹整合涉农资金基础上，探索建立普惠性农民补贴长效机制。创新涉农财政性建设资金使用方式，支持符合条件的农业产业化规模化项目。

五是强化打赢脱贫攻坚战体制机制。坚持精准扶贫、精准脱贫，进一步完善中央统筹、省负总责、市县抓落实的工作机制，采取更加有力的举措、更加集中的支持、更加精细的工作，着力提高脱贫质量。改进帮扶方式方法，更多采用生产奖补、劳务补助、以工代赈等机制，推动贫困群众通过自己的辛勤劳动脱贫致富。对完全或部分丧失劳动能力的特殊贫困人口，综合实施保障性扶贫政策。聚焦深度贫困地区，以解决突出制约问题为重点，以重大扶贫工程和到村到户帮扶为抓手，加大政策倾斜和扶贫资金整合力度，着力改善发展条件，增强贫困农户发展能力。

专家观点

产城融合是小城镇的发展方向

城市功能由过去工作和居住区域相互分离转变为向产城融合方向发展。过去那种“摊大饼”的城市发展方式造成就业地与居住地分开，上下班时形成潮汐式人流，导致无法解决的交通难题。今后发展小城镇必须是产城融合的，既要有产业和就业机会，又要有住房、学校、医院、商业、休闲等方面的生活服务设施，甚至能够步行上下班。要努力打造既宜业又宜居的舒适优美的工作生活环境。加快新农村建设。自“十一五”规划提出新农村建设以来，农村基础设施和公共服务有了很大改善，农村面貌有了很大变化。但是，与全面建成小康社会和建设美丽乡村的要求相比，还有很大距离。特别是与城市相比，农村基础设施和公共服务建设的任务仍然艰巨，农村生态环境亟待治理，农民居住条件需要改善。应结合村庄整治，唤醒农村沉睡的土地资源。要以农村住宅的商品化为杠杆，建立新农村建设的市场机制。

——中国国际经济交流中心常务副理事长 郑新立

另外，通过农民与市民的融合，实现城乡共同繁荣。农民工根在农村，工作和生活在城市，与城乡融合发展高度相关。城镇化的本质是农民市民化，加快农业转移人口市民化是实施区域协调发展战略的重要内容。引导农民工有序进城并融入城市，也是当前乃至今后一段时期推进城镇化的重点。党的十九大报告指出：“完善促进消费的体制机制，增强消费对经济发展的基础性作用。”“在中高端消费、创新引领、绿色低碳、共享经济、现代供应链、人力资本服务等领域培育新增长点。”日益壮大的农民工队伍，是未来消费结构升级的重要接续力量，由此带动的农业转移人口市民化对增强消费对经济发展的基础性作用，可以产生举足轻重的影响。

近年来，农业转移人口成为城镇居民的规模迅速扩大，日益成为城市经济、政治、文化、社会、生态文明建设的重要参与者，也是培育农业农村发展新动能的骨干探索者。党的十九大报告和2018年中央一号文件都要求，要促进农村一二三产业融合发展，支持和鼓励农民就业创业，拓宽增收渠道。农民工的经历和阅历，对于锻炼和提升农民就业创业创新能力，对于推进农村一二三产业融合发展，也是很好的支撑。要用包容发展的心态、战略性的眼光和社会责任意识，科学对待农民工进城问题，积极引导具备条件的进城农民工有序融入城市。[①] 从而形成共同繁荣的城乡关系。

典型案例

湖北襄阳奋力书写乡村振兴的时代答卷

2018年，是乡村振兴的开局之年。湖北省襄阳市以习近平新时代中国特色社会主义思想为统领，牢牢把握乡村振兴战略这个新时代"三农"工作的总抓手，精心谋划，周密部署，突出重点，示范引领，找准切口，筑牢根基，实施乡村振兴迈出坚实步伐，形成了全社会共同推进乡村振兴战略的合力，乡村振兴实现了良好开局。

实施"六大工程" 形成"7+2"体系

襄阳进一步完善乡村振兴战略的思路和工作方案，把实施路径具体化、项目化、工程化、明细化，让更多的资金、人才、社

① 参见姜长云:《建立健全城乡融合发展的体制机制和政策体系》,《区域经济评论》2018年第3期。

会资源在农村这片希望的田野上大有可为、大有作为。

襄阳以乡村振兴战略为统领，按照产业兴旺、生态宜居、乡风文明、治理有效、生活富裕的总要求，聚焦重点实施的涉农“六大工程”：产业建设工程、生态环境工程、基础建设工程、民生建设工程、改革创新工程、乡村治理工程，让更多的社会力量投入乡村振兴中，确保乡村振兴始终走在全省和汉江流域的前列。

如今，当走在襄阳的村镇田地上时，可以处处体会到乡村振兴带来的勃勃生机。许多长年在外打拼、事业有成的能人回到家乡，带领乡亲再次创业奔小康。不少企业扎根农村，用他们的带动效应让一方百姓富裕。乡村休闲旅游、果蔬采摘、山野赏花成了热门，让城里人放松了心情，给乡村增添了生机和活力。

清洁“美丽家园” 改善人居环境

实施“百村示范、千村推进”三年行动。为保证“百千行动”落到实处，襄阳建立市领导联系乡村振兴示范点制度，每个县（市、区）重点打造一条乡村振兴示范线路，由一名市领导包保一个村、联系一条示范线，各县（市、区）“四套班子”领导分别包保示范线上的其他村，市、县共建100个示范村，带动全市村庄全面推进乡村振兴。

整治环境，清洁家园。把开展“农村清洁家园百日行动”作为推进乡村振兴战略的小切口，在100天的时间里，先后在宜城、樊城、襄州、枣阳召开现场会强力推进，围绕“码整齐、扫干净、清沟渠、保常态”目标，发动人民群众扎扎实实地打了一场“清洁家园人民战争”，全市农村人居环境明显改善。“农村清洁家园百日行动”的深入开展，有效改善了农村人居环境，彻底扭转了农村脏乱差的局面，增强了广大人民群众的获得感、幸福感、安全感，“三年还一个美丽襄阳”的目标指日可待。同时，全市各地纵深推进农村“厕所革命”、生活垃圾收集处理、乡村污水处理、农村安全饮水工程建设，不断巩固提升“农村清洁家园百日行动”成果。

传统村落焕发勃勃生机

枣阳市新市镇前湾村被国家住房和城乡建设部、国家文物局评为第七批中国历史文化名村。前湾村位于新市镇镇区东北向13公里处，因邱氏族民居多而被称为“邱家前湾”，村落实际居住24户75人。前湾传统村落坐北朝南，依山傍水，形似圈椅。这里的民居有明清时代风格独特的建筑群，原有古民居41户50栋145间，现存古民居21户28栋82间，共1800多平方米。房屋大部分为硬山顶，砖木结构，青砖灰瓦，双层墙体，房高达十余米，兼有一层楼阁。村中青石小径，路路相通。建筑群屋顶、檐帮、额枋、屋脊、门、窗、栏杆、屏风均饰以绘画、雕刻，屋群图画有诗词，檐帮、额枋等处的雕刻、泥塑以喜鹊、松树、仙鹤、凤凰等吉祥物为主。围村而建的寨墙、寨门遗迹仍在。据考证，前湾古建筑群距今有300年至600年历史，建筑风格体现了明清时期民宅的特色，其总体规划和设计工艺达到了相当高的水平，是襄阳地区传统民居中较为珍贵的历史文化遗产，具有极其重要的历史文化价值、建筑艺术价值和旅游开发价值。

突出特色建设美丽乡村

吴店镇春陵村亮出“刘秀文化”这张名片，依托临近白水寺、无量台景区的优势，引导村民发展休闲农业、观光农业，丰富了美丽乡村建设的内涵。太平镇南街村争取到省住建厅的资金支持，突出群众文体活动主题，目前建成一个群众文化广场，新建标准化篮球场、乒乓球场等，并为各小组通往广场的道路安装崭新的路灯。平林镇大余嘴村一方面大力发展农民专业合作社，另一方面大力实施龙头企业带动战略，形成“农户种养、就地加工、休闲旅游、循环生态”的发展新业态。兴隆镇白土社区加强环境整治，并以良好的交通环境和招商政策，吸引18家企业入驻该社区，年实现利税1200余万元，解决居民就业1600余人。

新时代的大幕已经开启，放眼望去，一幅“农业强、生态美、文化兴、百姓富”的壮美画卷正在襄阳大地徐徐展开。襄阳将心无旁骛地担当起省域副中心城市的责任，走出一条传统农业大市的乡村振兴之路，奋力书写乡村振兴的时代答卷，为全省乡村振兴作出示范，为湖北现代化农业强省建设提供强有力支撑。

（来源:《枣阳市前湾村被评为中国历史文化名村》,《襄阳日报》2019年2月18日）

延伸阅读

1. 费孝通 :《中国士绅——城乡关系论集》，外语教学与研究出版社2018年版。

2. 陈轶:《城乡关系发展理论与实践——以石家庄为例》，东南大学出版社2016年版。

3. 赵旭东:《城乡中国》，清华大学出版社2018年版。

深度思考

1. 城乡融合发展必须调动各方力量，要健全有关政策机制，全面协同推进各项工作，如何建立健全城乡融合发展的长效机制？

2. 中国农村的情况千差万别，各地发展的基础不尽相同，如何做到因地制宜，精准施策，城乡有别，各美其美？

3. 如何理解农民市民化是一个长期的、渐进的、历史的过程？

后　记

2019年3月8日，习近平总书记参加十三届全国人大二次会议河南代表团审议时指出，河南是农业大省，也是人口大省。做好“三农”工作，对河南具有重要意义。党的十九大作出了实施乡村振兴战略的重大决策部署，乡村振兴是包括产业振兴、人才振兴、文化振兴、生态振兴、组织振兴的全面振兴，实施乡村振兴战略的总目标是农业农村现代化，总方针是坚持农业农村优先发展，总要求是产业兴旺、生态宜居、乡风文明、治理有效、生活富裕，制度保障是建立健全城乡融合发展体制机制和政策体系。

要扛稳粮食安全这个重任。确保重要农产品特别是粮食供给，是实施乡村振兴战略的首要任务。河南作为农业大省，农业特别是粮食生产对全国影响举足轻重。要发挥好粮食生产这个优势，立足打造全国重要的粮食生产核心区，推动藏粮于地、藏粮于技，稳步提升粮食产能，在确保国家粮食安全方面有新担当新作为。耕地是粮食生产的命根子。要强化地方政府主体责任，完善土地执法监管体制机制，坚决遏制土地违法行为，牢牢守住耕地保护红线。要推进农业供给侧结构性改革。发挥自身优势，抓住粮食这个核心竞争力，延伸粮食产业链、提升价值链、打造供应链，不断提高农业质量、效益和竞争力，实现粮食安全和现代高效农业相统一。

要树牢绿色发展理念。推动生产、生活、生态协调发展，扎实推进农村人居环境三年整治行动，加强农业生态环境保护和农村污染防治，统筹推进山水林田湖草系统治理，完善农产品产地环境监测网络，加大农业面源污染治理力度，开展农业节肥节药行动，完善农产品原产地可追溯制度和质量标识制度，严厉打击食品安全犯罪，保证让老百姓吃上安全放心的农产品。

要补齐农村基础设施这个短板。按照先规划后建设的原则，通盘考虑土地利用、产业发展、居民点布局、人居环境整治、生态保护和历史文化传承，编制“多规合一”的实用性村庄规划，加大投入力度，创新投入方式，引导和鼓励各类社会资本投入农村基础设施建设，逐步建立全域覆盖、普惠共享、城乡一体的基础设施服务网络，重点抓好农村交通运输、农田水利、农村饮水、乡村物流、宽带网络等基础设施建设。

要夯实乡村治理这个根基。采取切实有效的措施，强化农村基层党组织领导作用，选好配强农村党组织书记，整顿软弱涣散村党组织，深化村民自治实践，加强村级权力有效监督。完善城乡居民基本养老保险制度和基本医疗保险、大病保险制度，完善最低生活保障制度，完善农村留守儿童、妇女、老年人关爱服务体系。推进移风易俗，培育文明乡风、良好家风、淳朴民风，健全矛盾纠纷多元化解机制，深入开展扫黑除恶专项斗争。

要用好深化改革这个法宝。推动人才、土地、资本等要素在城乡间双向流动和平等交换，激活乡村振兴内生活力，巩固和完善农村基本经营制度，完善农村承包地“三权分置”办法，发展多种形式农业适度规模经营，突出抓好家庭农场和农民合作社两类农业经营主体发展，支持小农户和现代农业发展有机衔接，建立健全集体资产各项管理制度，完善农村集体产权权能，发展壮大新型集体经济，赋予双层经营体制新的内涵。

2019 年 3 月 8 日，习近平总书记参加十三届全国人大二次会议河南代表团审议时强调：“打赢脱贫攻坚战，是今明两年必须完成的硬任务。要再接再厉，咬定目标，精准施策，精准发力，按时按质完成脱贫攻坚任务。”要把实施乡村振兴战略、做好“三农”工作放在经济社会发展全局中统筹谋划和推进。为了深入学习贯彻习近平总书记关于乡村振兴的重要论述，提升各级党组织在推进城乡融合、实现乡村振兴、打赢脱贫攻坚战中的能力，我们组织编写了本书，供广大基层党员干部参考。

由于编者水平有限，不当之处在所难免，恳请读者和有关专家不吝赐教！

易赛键

2019 年 11 月